CW01238748

教材规划小组
Teaching Material Project Planning Group

许琳　夏建辉　张健　郝运

海外咨询小组
Overseas Consulting Group

洪　玮	美国普渡大学
周明朗	美国马里兰大学
王命全	美国塔夫茨大学
陈山木	加拿大不列颠哥伦比亚大学
吴小燕	加拿大多伦多大学
王仁忠	加拿大麦吉尔大学
白乐桑	法国巴黎东方语言文化学院
顾安达	德国柏林自由大学
袁博平	英国剑桥大学
吴坚立	澳大利亚墨尔本翩丽艾森顿文法学校
罗　拉	俄罗斯莫斯科国立语言大学
三宅登之	日本东京外国语大学
李充阳	韩国首尔孔子学院
朴兴洙	韩国外国语大学
希夏姆	埃及艾因夏姆斯大学

孔子学院总部/国家汉办
Confucius Institute Headquarters(Hanban)

荣获"优秀国际汉语教材奖"
Won the Award for Outstanding International
Chinese Language Teaching Materials

1

英文注释
Annotated in English

刘珣 ◎ 主编

NEW PRACTICAL CHINESE READER

3rd Edition

WORKBOOK
综合练习册

编　者：施家炜　刘珣　郑家平　裘珊珊
英文翻译：孙玉婷
英文审订：余心乐

新实用汉语课本

（第3版）

北京语言大学出版社
BEIJING LANGUAGE AND CULTURE
UNIVERSITY PRESS

© 2016 北京语言大学出版社，社图号 16013

图书在版编目（CIP）数据

新实用汉语课本：英文注释．1，综合练习册 ／ 刘
珣主编．——3 版．——北京：北京语言大学出版社，
2016.4（2019.4 重印）
ISBN 978-7-5619-4460-8

Ⅰ.①新⋯　Ⅱ.①刘⋯　Ⅲ.①汉语－对外汉语教学－
习题集　Ⅳ.① H195.4

中国版本图书馆 CIP 数据核字（2016）第 041502 号

新实用汉语课本（第 3 版 英文注释）综合练习册 1
XIN SHIYONG HANYU KEBEN (DI 3 BAN YINGWEN ZHUSHI) ZONGHE LIANXICE 1

项目负责：付彦白	
责任编辑：付彦白	**英文编辑**：孙玉婷
封面设计：张　静	**版式设计**：李　佳
排版制作：北京创艺涵文化发展有限公司	
责任印制：周　燚	

出版发行：北京语言大学出版社

社　　址：	北京市海淀区学院路 15 号，100083
网　　址：	www.blcup.com
电子信箱：	service@blcup.com
电　　话：	编辑部　　8610-82303647/3592/3395
	国内发行　8610-82303650/3591/3648
	海外发行　8610-82303365/3080/3668
	北语书店　8610-82303653
	网购咨询　8610-82303908
印　　刷：	保定市中画美凯印刷有限公司

版　次：2016 年 4 月第 3 版		印　次：2019 年 4 月第 3 次印刷
开　本：889 毫米 × 1194 毫米　1/16		印　张：8.5
字　数：216 千字			
05800			

PRINTED IN CHINA

致学习者

欢迎使用《新实用汉语课本·综合练习册》!

《新实用汉语课本》(第3版 英文注释)配套教材包括《课本》《综合练习册》《教师用书》《同步阅读》和《测试题》,以满足师生课上和课下的不同需求。其中,《综合练习册》主要供学习者(也就是你们)课下练习使用。在《课本》练习的基础上,它为你们提供了更为丰富的汉语语音、词汇、语法、汉字等语言要素的练习,以及听、说、读、写、译全面的技能训练和交际训练。

你会发现《综合练习册》具有以下能有效促进你汉语学习进程的特点:

1. 结合《课本》重点生词、词组、语法点和功能文化项目,坚持听、说、读、写、译等多方面技能与交际训练均衡发展,平衡设计。

2. 练习形式多样,内容丰富实用,能切实有效地促进语言习得,提高你的语言能力和语言交际能力。

3. 多种交际性、任务型的练习设计,让你在做中学,用中学;让你在很好地掌握了汉语语言结构的基础上,完美地完成语言任务和交际活动;而调查性、研究性的语言任务设计,则可充分发展你的多元智能。

4. 大量的真实材料练习,生动而有趣,让你如临交际实景,向你呈现中国文化特性。

5. 汉语语音重点与难点的练习贯穿始终,让你掌握地道的汉语普通话语音面貌。

6. 练习设计体现出由易到难、由机械到活用、由基本练习到引申扩展练习的坡度性,方便你自由选择。

现在,你准备好开始练习了吗?记住:

熟能生巧。

To Students

Welcome to the Workbook of *New Practical Chinese Reader*!

Each level of *New Practical Chinese Reader* (3rd Edition, Annotated in English) is composed of a Textbook, a Workbook, an Instructor's Manual, a Companion Reader and a book of Tests and Quizzes to satisfy teachers' and students' different needs inside and outside the classroom. Among them, the Workbook is for students (in other words, you) to do exercises after class. On the basis of the exercises in the Textbook, the Workbook provides you with richer exercises on linguistic elements such as phonetics, vocabulary, grammar and Chinese characters, as well as comprehensive training in listening, speaking, reading, writing, translating and communication.

You'll find the following features of the Workbook which can effectively advance your Chinese learning process:

1. Exercises are designed based on the key new words, phrases, language points and functional and cultural items in the Textbook with attention being paid to the balanced development of listening, speaking, reading, writing, translating and communication skills.

2. Diverse in form and abundant and practical in content, the exercises will effectively help with your language acquisition and improve your linguistic and communicative competences.

3. Various communicative and task-based exercises enable you to learn in practice and learn by using so that you can perfectly fulfil language tasks and communicative activities based on a good grasp of Chinese language structures, and the research-based language tasks will fully cultivate your multiple intelligences.

4. Plenty of authentic, lively and fascinating materials and exercises not only make you feel as if you are in the actual scene, but also show the characteristics of Chinese culture to you.

5. Exercises on the important and difficult points in Chinese phonetics are provided throughout the book to equip you with authentic Mandarin Chinese pronunciation.

6. The design of the exercises demonstrates a gradual progression from being easy, mechanical and basic to being more difficult, flexible and extensive, giving you different choices to choose from.

Now, are you ready for the exercises? Just remember: practice makes perfect.

目录 Contents

1 Nǐ zuìjìn zěnmeyàng
你 最近 怎么样
How have you been lately ... 1

2 Nǐ shì nǎ guó rén
你 是 哪 国 人
Which country do you come from ... 9

3 Nǐmen jiā yǒu jǐ kǒu rén
你们 家 有 几 口 人
How many people are there in your family ... 19

4 Nǐ míngtiān jǐ diǎn yǒu kè
你 明天 几 点 有 课
What time do you have class tomorrow ... 29

5 Zhù nǐ shēngrì kuàilè
祝 你 生日 快乐
Happy birthday to you ... 41

6 Túshūguǎn zài shítáng běibian
图书馆 在 食堂 北边
The library is to the north of the cafeteria ... 51

7 Píngguǒ duōshao qián yì jīn
苹果 多少 钱 一 斤
How much is half a kilo of apples ... 61

8 Wǒ quánshēn dōu bù shūfu
我 全身 都 不 舒服
I am not feeling well at all ... 73

9 Tiānqì liángkuai le
天气 凉快 了
It's getting cool ... 83

10 Zhù nǐ Shèngdàn kuàilè
祝 你 圣诞 快乐
Merry Christmas ... 95

听力文本
Listening Scripts ... 107

致教师
To Teachers ... 119

1 Nǐ zuìjìn zěnmeyàng 你最近怎么样
How have you been lately

听说练习 Listening and Speaking Exercises

1 听对话，判断正误。 01-1
Listen to the dialogues and decide whether the statements are true (T) or false (F).

Part I

◆ Dialogue I:

(1) The man's family name is Ma. （　）

(2) The woman's name is Wang Xiao. （　）

◆ Dialogue II:

(3) The woman's name is Lin Na. （　）

(4) The man's family name is Ming. （　）

Part II

◆ Dialogue III:

(5) The man is busy. （　）

(6) The woman is busy. （　）

◆ Dialogue IV:

(7) Dawei has been well recently. （　）

(8) The woman is not busy. （　）

(9) The woman doesn't know Libo. （　）

(10) They are at Libo's home. （　）

2 听短文，用拼音填空。 01-2
Listen to the passages and fill in the blanks with *pinyin*.

(1) Wǒ xìng _____ , jiào _____ . Wǒ zuìjìn _____ .

(2) Tā jiào _____ . Tā zuìjìn _____ , _____ .

· 1

3 听录音，选择正确答案。
Listen and choose the correct answers.

（1）A. 什么 　　　　B. 怎么 　　　　C. 你呢 　　　　（　　）
（2）A. 我姓林。　　B. 我姓马。　　C. 我姓宋。　　（　　）
（3）A. 他叫宋华。　B. 他叫马大为。　C. 他叫丁力波。　（　　）
（4）A. 林娜在。　　B. 力波在。　　C. 宋华在。　　（　　）
（5）A. 我很好。　　B. 我不太忙。　　C. 我很忙。　　（　　）
（6）A. 林娜很忙。　B. 大为很好。　　C. 林娜不太忙。　（　　）

4 任务或活动。
Task or activity.

"Zhao", "Qian", "Sun" and "Li" are four common surnames in China. Find five Chinese people who use these surnames (it's not necessary you find people using all the four surnames). Ask about their surnames and how they have been doing lately using the sentence patterns you've learned in this lesson.

No.	Name (*pinyin*)	How he/she has been doing
1.		
2.		
3.		
4.		
5.		

读写练习 Reading and Writing Exercises

1 语音练习。
Pronunciation drills.

Part I

◆ Put tone marks above the words.

（1）shenme　　（2）mingzi　　（3）renshi　　（4）gaoxing

第 1 课 你最近怎么样
Lesson 1 How have you been lately

Part II

◆ Put tone marks above the words.

(5) qing jin　　　　(6) xiexie　　　　(7) zuijin

(8) zenmeyang　　　(9) hen hao　　　(10) bu tai mang

2 按正确的笔顺描汉字，并在后边的空格里写汉字。

Trace over the characters following the correct stroke order and then practice writing them in the blank boxes.

wǒ	我	丿 二 千 手 我 我 我	我 我				
tài	太	一 ナ 大 太	太 太				
zài	在	一 ナ オ 广 在 在	在 在				
bù	不	一 丆 不 不	不 不				
yě	也	丁 也 也	也 也				

3 分析下列汉字的部件结构，并在后边的空格里临写。

Do a componential analysis of the structure of each character and then copy it in the blank boxes.

hǎo	好	(女+子)	好 好				
qǐng	请	(讠+青)	请 请				
máng	忙	(忄+亡)	忙 忙				
hěn	很	(彳+艮)	很 很				
ne	呢	(口+尼)	呢 呢				

4 给下列各组汉字注音，并把它们的部首写在括号中。

Write down the *pinyin* of the characters on the lines and the radicals of them in the brackets.

(1) A. 请_____　　B. 认_____　　(　　)

(2) A. 叫_____　　B. 呢_____　　(　　)

(3) A. 好_____　　B. 姓_____　　(　　)

· 3

(4) A. 近_____ B. 进_____ (   )

(5) A. 他_____ B. 你_____ (   )

5 选择正确的汉字填空。
Fill in the blanks with the correct characters.

(1) _____姓宋。(   )
　　A. 找　B. 我

(2) 认_____你很高兴。(   )
　　A. 识　B. 只

(3) 他_____很忙。(   )
　　A. 也　B. 乜

(4) 你最近_____么样？(   )
　　A. 怎　B. 乍

(5) 我不太忙。你_____？(   )
　　A. 呢　B. 吗

6 连接Ⅰ和Ⅱ两部分的句子，组成对话。
Make dialogues by matching sentences on the left with those on the right.

Part I

Ⅰ
① Nǐ hǎo!
　你好!
② Qǐngwèn nǐ jiào shénme míngzi?
　请问 你叫 什么 名字?
③ Rènshi nǐ hěn gāoxìng.
　认识你很 高兴。

Ⅱ
A. Rènshi nǐ wǒ yě hěn gāoxìng.
　认识你我也很 高兴。
B. Wǒ xìng Lín, jiào Lín Nà.
　我 姓 林，叫 林娜。
C. Nǐ hǎo!
　你好!

Part II

Ⅰ
④ Nǐ lèi ma?
　你累 吗?
⑤ Nǐ zuìjìn zěnmeyàng?
　你最近 怎么样?
⑥ Wǒ hěn è. Nǐ ne?
　我 很 饿。你呢?

Ⅱ
D. Wǒ yě hěn è.
　我也很饿。
E. Wǒ bú tài lèi.
　我 不 太 累。
F. Wǒ hěn máng.
　我 很 忙。

第 1 课　你最近怎么样
Lesson 1　How have you been lately

7 对画线部分提问。
Ask questions about the underlined parts.

Example　Wǒ hěn máng.
我 很 忙。 → Nǐ máng ma?
你 忙 吗?

(1) Wǒ zuìjìn bú tài máng.
我 最近 不太 忙。 → _____

(2) Tā zuìjìn hěn lèi.
她 最近 很 累。 → _____

(3) Dàwéi bú tài è.
大为 不太 饿。 → _____

(4) Wǒ jiào Lín Nà.
我 叫 林娜。 → _____

(5) Sòng Huá bù kě.
宋 华 不 渴。 → _____

8 翻译。(不会写的汉字可以写拼音)
Translation. (Use *pinyin* for the characters you can't write.)

(1) Nǐ hǎo ma?
你 好 吗?

_____

(2) Qǐngwèn nǐ jiào shénme míngzi?
请问 你 叫 什么 名字?

_____

(3) Wǒ xìng Lín, jiào Lín Nà.
我 姓 林, 叫 林娜。

_____

(4) Lìbō zuìjìn zěnmeyàng?
力波 最近 怎么样?

_____

(5) Wǒ hěn lèi, Dàwéi yě hěn lèi.
我 很 累, 大为 也 很 累。

_____

(6) Nice to meet you.

_____

(7) My name is Ding Libo.

_____

New Practical Chinese Reader (3rd Edition) Workbook 1

(8) I haven't been very well recently.

_____

9 根据所给拼音，用括号里的词语组成句子。
Make sentences using the words in the brackets based on the *pinyin* given.

(1) Nǐ jiào shénme míngzi?（名字　叫　你　什么）

_____

(2) Rènshi nǐ wǒ yě hěn gāoxìng.（你　也　高兴　认识　我　很）

_____

(3) Lín Nà zuìjìn zěnmeyàng?（最近　怎么样　林娜）

_____

(4) Lìbō bú tài lèi.（不　力波　累　太）

_____

(5) Tā xìng Sòng, jiào Sòng Huá.（宋华　他　宋　姓　叫）

_____

10 找词语或句子。
Seek and find.

Try to find as many words or sentences as possible from the following jumble of characters. Look horizontally, vertically and diagonally. Circle each word or sentence and copy it.

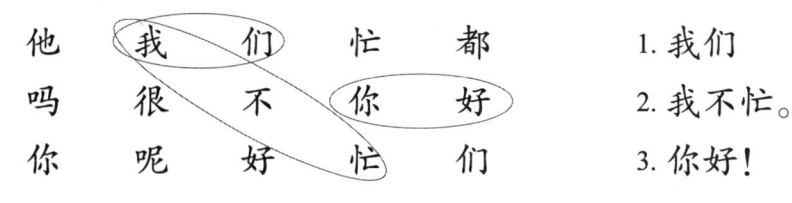

他　我　们　忙　都　　　1. 我们
吗　很　不　你　好　　　2. 我不忙。
你　呢　好　忙　们　　　3. 你好！
　　　　　　　　　　　　……

11 完成会话。
Complete the dialogues.

Part I

(1)（Daily greetings）

　　　　Nǐ hǎo!
A:　你 好!

B: _____!

(2)（Asking one's name）

A: _____?

　　　　Wǒ xìng Wáng, jiào Wáng Xiǎoyún.
B:　我 姓 王, 叫 王 小云。

6

第 1 课　你最近怎么样
Lesson 1　How have you been lately

（3）（Meeting for the first time）

　　　　Rènshi nǐ hěn gāoxìng.
A：认识 你 很 高兴。

B：_____。

Part II

（4）A：_____？

　　　Zài. Lìbō, qǐng jìn, qǐng zuò.
B：在。力波，请 进，请 坐。

（5）（Greetings）

A：_____？

　　Wǒ hěn hǎo. Nǐ zuìjìn máng ma?
B：我 很 好。你 最近 忙 吗？

A：_____。

12 根据所给汉字或拼音填空，注意句子的组合规则。
Write the correct characters or *pinyin* on the lines below. Pay attention to the syntactic rules.

（1）　　好
　　　　hǎo

（2）_____ _____
　　　hěn　 hǎo

（3）_____ 很 _____。
　　　Wǒ　　　 hǎo.

（4）_____ _____ _____ _____。
　　　Wǒ　 yě　 hěn　 hǎo.

13 阅读理解。
Reading comprehension.

Part I

（1）Read the passage and answer the questions.

> Wǒ xìng Lín, jiào Lín Nà. Tā xìng Wáng, jiào Wáng Xiǎoyún. Tā xìng Lù, jiào
> 我 姓 林，叫 林娜。她 姓 王，叫 王 小云。他 姓 陆，叫
> Lù Yǔpíng.
> 陆 雨平。

　　　"Wǒ" jiào shénme míngzi?
①"我" 叫 什么 名字？

　　Tā xìng Wáng ma?
②她 姓 王 吗？

Tā jiào shénme míngzi?
③ 他 叫 什么 名字？

Part II

（2）Read the passage and answer the questions.

Wǒ zuìjìn hěn hǎo. Lín Nà zuìjìn bú tài máng, Wáng Xiǎoyún hěn máng. Sòng Huá
我 最近很 好。林娜最近不太 忙， 王 小云 很 忙。宋 华
zuìjìn hěn lèi, Lù Yǔpíng bú tài lèi.
最近 很 累， 陆 雨 平 不 太 累。

Lín Nà zuìjìn zěnmeyàng?
① 林 娜 最近 怎么样？

Wáng Xiǎoyún máng ma?
② 王 小云 忙 吗？

Sòng Huá zuìjìn lèi ma? Lù Yǔpíng ne?
③ 宋 华 最近 累 吗？ 陆 雨 平 呢？

（3）Look at the pictures and answer the questions.

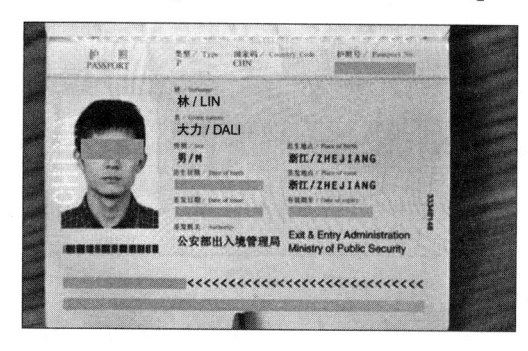

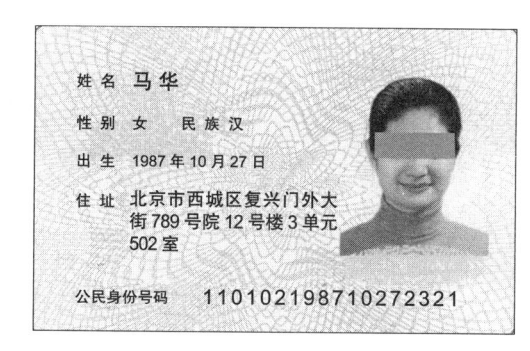

Tā jiào shénme míngzi?
① 他 叫 什么 名字？

Tā jiào shénme míngzi?
② 她 叫 什么 名字？

14 写作练习。

Writing practice.

Fill in the blanks based on the actual situations of your classmates or friends. (Use *pinyin* for the characters you can't write.)

　　　Tā xìng　　　　　tā jiào　　　　　　　Tā zuìjìn
A：他 姓 ＿＿＿＿，他 叫 ＿＿＿＿＿＿。他 最近 ＿＿＿＿（忙）。

　　　Tā xìng　　　　　tā jiào　　　　　　　Tā zuìjìn
B：他 姓 ＿＿＿＿，他 叫 ＿＿＿＿＿＿。他 最近 ＿＿＿＿（累）。

　　　Tā xìng　　　　　tā jiào　　　　　　　Tā zuìjìn
C：他 姓 ＿＿＿＿，他 叫 ＿＿＿＿＿＿。他 最近 ＿＿＿＿（高兴）。

2

Nǐ shì nǎ guó rén
你是哪国人

Which country do you come from

听说练习 Listening and Speaking Exercises

1 听对话，判断正误。 02-1

Listen to the dialogues and decide whether the statements are true (T) or false (F).

Part I

◆ Dialogue I:

(1) Lin Qiang is Lin Na's father. (　　)

(2) Lin Qiang has just arrived in Beijing. (　　)

◆ Dialogue II:

(3) The teacher's surname is Ding. (　　)

(4) Ding Libo is from the U.S.A. (　　)

Part II

◆ Dialogue III:

(5) These are dumplings. (　　)

(6) The man doesn't like dumplings. (　　)

◆ Dialogue IV:

(7) The woman is from Beijing. (　　)

(8) The man is not from Beijing. (　　)

(9) The woman likes snacks. (　　)

(10) The man likes snacks. (　　)

2 听短文，用拼音填空。 02-2

Listen to the passages and fill in the blanks with *pinyin*.

(1) Zhè shì _____, tā shì wǒ _____. Tā xuéxí _____.

(2) Tā jiào _____, tā shì _____ rén, xǐhuan chī _____.

3 听录音，选择正确答案。 02-3

Listen and choose the correct answers.

（1）A. 他是我爸爸。　　B. 他是我朋友。　　C. 他不是我朋友。（　　）
（2）A. 我是美国人。　　B. 他是美国人。　　C. 我是中国人。　　（　　）
（3）A. 那是饺子。　　　B. 这不是饺子。　　C. 这是饺子。　　　（　　）
（4）A. 那不是包子。　　B. 那是包子。　　　C. 那不是面条。　　（　　）
（5）A. 点心不好吃。　　B. 点心很小。　　　C. 点心很好吃。　　（　　）
（6）A. 我喜欢吃面条。　B. 他喜欢吃面条　　C. 我喜欢吃面条　　（　　）
　　　　　　　　　　　　　和包子。　　　　　和包子。

4 任务或活动。

Task or activity.

Interview five Chinese people using the sentence patterns you've learned in this lesson (find five strangers in a Chinatown or school nearby). Ask about their surnames, cities of origin and favorite foods.

No.	Surname (*pinyin*)	City of origin	Favorite food
1.			
2.			
3.			
4.			
5.			

读写练习 Reading and Writing Exercises

1 语音练习。

Pronunciation drills.

Part I

◆ Put tone marks above the words.

（1）zaoshang　　（2）pengyou　　（3）xuexi　　（4）zaijian

第 2 课　你是哪国人

Lesson 2　Which country do you come from

Part II

◆ Put tone marks above the words.

(5) miantiao　　　(6) haochi　　　(7) xihuan

(8) mifan　　　　(9) dianxin　　　(10) jiaozi

2 按正确的笔顺描汉字，并在后边的空格里写汉字。

Trace over the characters following the correct stroke order and then practice writing them in the blank boxes.

lǎo	老	一 + 土 耂 耂 老	老	老
shàng	上	丨 卜 上	上	上
rén	人	丿 人	人	人
dà	大	一 ナ 大	大	大
xiǎo	小	亅 小 小	小	小

3 分析下列汉字的部件结构，并在后边的空格里临写。

Do a componential analysis of the structure of each character and then copy it in the blank boxes.

péng	朋	(月 + 月)	朋	朋
nín	您	(你 + 心)	您	您
jiǎo	饺	(饣 + 交)	饺	饺
mā	妈	(女 + 马)	妈	妈
chī	吃	(口 + 乞)	吃	吃

4 给下列各组汉字注音，并把它们的部首写在括号中。

Write down the *pinyin* of the characters on the lines and the radicals of them in the brackets.

(1) A. 什_____　　B. 们_____　　(　　)

(2) A. 语_____　　B. 识_____　　(　　)

(3) A. 她_____　　B. 妈_____　　(　　)

· 11

新实用汉语课本（第3版）综合练习册1
New Practical Chinese Reader (3rd Edition) Workbook 1

(4) A. 饺_____ B. 饭_____ ( )

(5) A. 汉_____ B. 海_____ ( )

5 选择正确的汉字填空。
Fill in the blanks with the correct characters.

(1) 您好！_____师。( )
A. 老　B. 考

(2) 你是_____国人？( )
A. 哪　B. 那

(3) 我是_____国人。( )
A. 姜　B. 美

(4) 马大为学_____汉语。( )
A. 习　B. 习

(5) 你_____，那是饺子。( )
A. 看　B. 有

6 连接Ⅰ和Ⅱ两部分的句子，组成对话。
Make dialogues by matching sentences on the left with those on the right.

Part I

Ⅰ
① Zǎoshang hǎo, Chén lǎoshī!
　早上　好，陈　老师！
② Nǐ shì nǎ guó rén?
　你是哪国人？
③ Nín guìxìng?
　您　贵姓？

Ⅱ
A. Wǒ shì Jiānádàrén.
　我是加拿大人。
B. Wǒ xìng Lín.
　我姓林。
C. Zǎoshang hǎo, Dàwéi!
　早上　好，大为！

Part II

Ⅰ
④ Nà shì bāozi ma?
　那是包子吗？
⑤ Zhè shì shénme?
　这是什么？
⑥ Miàntiáo hǎochī ma?
　面条　好吃吗？

Ⅱ
D. Zhè shì diǎnxin.
　这是点心。
E. Hěn hǎochī.
　很好吃。
F. Nà bú shì bāozi, shì jiǎozi.
　那不是包子，是饺子。

12

第 2 课　你是哪国人
Lesson 2　Which country do you come from

7　对画线部分提问。
　　Ask questions about the underlined parts.

　　　　　　　　　Zhè shì bāozi.　　　　　　　　　　　　Zhè shì shénme?
Example　　这 是 包子。　　→　　这 是 什么?

　　　Zhè shì jiǎozi.
(1) 这 是 饺子。　　→　　_____

　　　Nà shì miàntiáo.
(2) 那 是 面条。　　→　　_____

　　　Lín Nà shì Yīngguórén.
(3) 林娜 是 英国人。　　→　　_____

　　　Tā xǐhuan chī mǐfàn.
(4) 他 喜欢 吃 米饭。　　→　　_____

　　　Diǎnxin hé jiǎozi dōu hěn hǎochī.
(5) 点心 和 饺子 都 很 好吃。　　→　　_____

8　翻译。(不会写的汉字可以写拼音)
　　Translation. (Use *pinyin* for the characters you can't write.)

　　　Zhè shì Wáng Xiǎoyún, tā shì wǒ péngyou.
(1) 这 是 王 小云，她 是 我 朋友。

_____

　　　Nǐ shì nǎ guó rén?
(2) 你 是 哪 国 人?

_____

　　　Wǒmen dōu xuéxí Hànyǔ.
(3) 我们 都 学习 汉语。

_____

　　　Nǐ māma xǐhuan chī shénme?
(4) 你 妈妈 喜欢 吃 什么?

_____

　　　Jiǎozi xiǎo, bāozi dà.
(5) 饺子 小，包子 大。

_____

(6) Are you from Beijing?

_____

(7) He is not an American. He is a German.

_____

(8) My brother likes to eat dumplings and noodles.

_____

· 13

新实用汉语课本（第3版）综合练习册 1
New Practical Chinese Reader (3rd Edition) Workbook 1

9 根据所给拼音，用括号里的词语组成句子。
Make sentences using the words in the brackets based on the *pinyin* given.

（1）Mǎ Dàwéi shì wǒ péngyou.（我 是 朋友 马大为）
_____

（2）Tā yě xuéxí Hànyǔ.（他 汉语 学习 也）
_____

（3）Wǒ bàba shì Běijīngrén.（北京人 我 是 爸爸）
_____

（4）Wǒ xǐhuan chī jiǎozi hé bāozi.（我 吃 喜欢 饺子 包子 和）
_____

（5）Miàntiáo hé diǎnxin dōu hěn hǎochī.（都 很 面条 点心 好吃 和）
_____

10 找词语或句子。
Seek and find.

Try to find as many words or sentences as possible from the following jumble of characters. Look horizontally, vertically and diagonally. Circle each word or sentence and copy it.

他	您	国	喜	子
汉	不	贵	饺	欢
语	好	是	姓	好
我	这	要	吃	人

11 完成会话。
Complete the dialogues.

Part I

（1）(Asking one's surname)

A: _____?
　　Wǒ xìng Wáng.
B: 我 姓 王。
　　Wáng lǎoshī, rènshi nín hěn
A: 王 老师，认识 您 很
　　gāoxìng!
　　高兴！

（2）(Asking about one's nationality)

A: _____?
　　Wǒ shì Yīngguórén.
B: 我 是 英国人。

（3）(Saying goodbye)

A: _____!
　　Zàijiàn!
B: 再见！

14

第 2 课　你是哪国人
Lesson 2 Which country do you come from

Part II

（4）(Identifying items)

A：_____?
　　Zhè shì bǐsàbǐng.
B：这　是　比萨饼。

（5）(Asking about one's likes)

　　Nǐ
A：你_____?
　　Wǒ xǐhuan chī miànbāo.
B：我　喜欢　吃　面包。

（6）(Asking about one's city of origin)

　　Nǐ māma
A：你 妈妈_____?
　　Tā bú shì Shànghǎirén, tā shì
B：她 不 是　上海人，她 是
　　Běijīngrén.
　　北京人。

12　根据所给汉字或拼音填空，注意句子的组合规则。

Write the correct characters or *pinyin* on the lines below. Pay attention to the syntactic rules.

（1）_____
　　xǐhuan

（2）_____　_____
　　xǐhuan　chī

（3）_____　_____　_____ 面条。
　　Tā　xǐhuan　chī　_____.

（4）_____　_____　_____ 面条 _____ _____。
　　Tā　xǐhuan　chī　_____　hé　jiǎozi.

13　阅读理解。

Reading comprehension.

Part I

（1）Read the passage and answer the questions.

Wǒ jiào Lù Yǔpíng. Zhè shì Dàwèi, tā shì wǒ péngyou, gāng dào Shànghǎi. Tā
我 叫 陆 雨平。这 是 大卫，他 是 我　朋友，刚 到　上海。他
shì Éluósīrén. Tā xuéxí Hànyǔ.
是 俄罗斯人。他 学习 汉语。

① "Wǒ" jiào shénme míngzi?
"我" 叫 什么 名字？

② Dàwèi shì nǎ guó rén?
大卫 是 哪 国 人？

③ Dàwèi xuéxí Yīngyǔ ma?
大卫 学习 英语 吗？

Part II

（2）Read the passage and answer the questions.

Nǐ kàn, zhè shì wǒ bàba, nà shì wǒ māma. Wǒ bàba shì Xī'ānrén, tā xǐhuan chī miàntiáo. Wǒ māma shì Guǎngzhōurén, tā xǐhuan chī diǎnxin.
你 看，这 是 我 爸爸，那 是 我 妈妈。我 爸爸 是 西安人，他 喜欢 吃 面条。我 妈妈 是 广州人，她 喜欢 吃 点心。

① "Wǒ" bàba shì Běijīngrén ma?
"我" 爸爸 是 北京人 吗？

② "Wǒ" bàba xǐhuan chī shénme?
"我" 爸爸 喜欢 吃 什么？

③ "Wǒ" māma yě shì Xī'ānrén ma?
"我" 妈妈 也 是 西安人 吗？

④ "Wǒ" māma xǐhuan chī diǎnxin ma?
"我" 妈妈 喜欢 吃 点心 吗？

（3）Look at the pictures and answer the questions.

Yáo Míng
姚 明

Běijīng kǎoyā
北京 烤鸭

① Tā shì nǎ guó rén?
他 是 哪 国 人？

② Tā xǐhuan chī shénme?
他 喜欢 吃 什么？

第 2 课　你是哪国人
Lesson 2　Which country do you come from

14 写作练习。
Writing practice.

Fill in the blanks based on the actual situations of your classmates or friends. (Use *pinyin* for the characters you can't write.)

   Zhè shì　　　　　tā shì wǒ　　　　　　　tā shì　　　　　　rén,
A：这 是 _____，他是我 _____，他是 _____人，
  tā xǐhuan chī
他 喜 欢 吃 _____。

   Zhè shì　　　　　tā shì wǒ　　　　　　　tā shì　　　　　　rén,
B：这 是 _____，他是我 _____，他是 _____人，
  tā xǐhuan chī
他 喜 欢 吃 _____。

   Zhè shì　　　　　tā shì wǒ　　　　　　　tā shì　　　　　　rén,
C：这 是 _____，他是我 _____，他是 _____人，
  tā xǐhuan chī
他 喜 欢 吃 _____。

3 Nǐmen jiā yǒu jǐ kǒu rén
你们家有几口人
How many people are there in your family

听说练习 Listening and Speaking Exercises

1 听对话，判断正误。   03-1
Listen to the dialogues and decide whether the statements are true (T) or false (F).

Part I

◆ Dialogue I:

（1）There are four people in the man's family.　　　（　）

（2）The man's father is a doctor.　　　（　）

◆ Dialogue II:

（3）It is the woman's elder sister in the picture.　　　（　）

（4）The woman does not have any younger sister.　　　（　）

Part II

◆ Dialogue III:

（5）The man likes to drink tea.　　　（　）

（6）The girl in the picture is not the woman's daughter.　　　（　）

（7）The girl in the picture is seven years old now.　　　（　）

◆ Dialogue IV:

（8）The woman has a piano class tomorrow morning.　　　（　）

（9）The man has a Chinese class tomorrow.　　　（　）

（10）The man does not have a class in the afternoon.　　　（　）

2 听短文，用拼音填空。   03-2
Listen to the passages and fill in the blanks with *pinyin*.

（1）Zhè shì _____ de zhàopiàn. Wǒmen jiā yǒu _____ kǒu rén, bàba、māma、_____、_____ hé wǒ. Wǒ bàba shì _____, wǒ māma shì _____ lǎoshī, tāmen dōu hěn _____.

（2）Zhè shì_____, tā shì wǒ _____. Tā yǒu_____ nǚ'ér, jīnnián _____ suì, hěn _____. Tā nǚ'ér jīntiān wǎnshang yǒu

· 19

_____ kè，bú zài jiā.

3 听录音，选择正确答案。 03-3
Listen and choose the correct answers.

(1) A. 四口人　　　　　B. 六口人　　　　　C. 八口人　　　　　(　)

(2) A. 三张照片　　　　B. 五张照片　　　　C. 九张照片　　　　(　)

(3) A. 我爸爸是老师。　B. 我妈妈是老师。　C. 她妈妈是老师。　(　)

(4) A. 这是我哥哥。　　B. 这是他哥哥。　　C. 这是我姐姐。　　(　)

(5) A. 我们家有咖啡。　B. 我们家没有咖啡。C. 我们家没有茶。　(　)

(6) A. 我女儿今年八岁。B. 他女儿今年八岁。C. 我女儿今年六岁。(　)

4 任务或活动。
Task or activity.

Interview five of your classmates using the sentence patterns you've learned in this lesson. Ask about the number of their family members and their parents' professions, and write down the results in the table below.

No.	Name (*pinyin*)	Number of family members	His/her parents' professions
1.			
2.			
3.			
4.			
5.			

读写练习 Reading and Writing Exercises

1 语音练习。
Pronunciation drills.

Part I

◆ Put tone marks above the words.

(1) zhaopian　　　(2) yisheng　　　(3) gege

(4) jiejie　　　　(5) xiao gou

第3课　你们家有几口人
Lesson 3　How many people are there in your family

Part II

◆ Put tone marks above the words.

(6) piaoliang　　　　(7) nü'er　　　　(8) gangqin

(9) wanshang　　　(10) haizi

2 按正确的笔顺描汉字，并在后边的空格里写汉字。
Trace over the characters following the correct stroke order and then practice writing them in the blank boxes.

yǒu	有	一ナ才有有有	有 有	
jǐ	几	ノ几	几 几	
gè	个	ノ人个	个 个	
nǚ	女	く女女	女 女	
tiān	天	一二于天	天 天	

3 分析下列汉字的部件结构，并在后边的空格里临写。
Do a componential analysis of the structure of each character and then copy it in the blank boxes.

jiě	姐	(女 + 且)	姐 姐	
gǒu	狗	(犭 + 句)	狗 狗	
zhào	照	(昭 + 灬)	照 照	
zhāng	张	(弓 + 长)	张 张	
gāng	钢	(钅 + 冈)	钢 钢	

4 给下列各组汉字注音，并把它们的部首写在括号中。
Write down the *pinyin* of the characters on the lines and the radicals of them in the brackets.

(1) A. 做_____　　B. 作_____　　(　　)

(2) A. 没_____　　B. 漂_____　　(　　)

(3) A. 喝_____　　B. 吃_____　　(　　)

(4) A. 茶_____　　B. 英_____　　(　　)

(5) A. 语_____　　B. 课_____　　(　　)

5 选择正确的汉字填空。
Fill in the blanks with the correct characters.

(1) 你们家有_____口人？（　　）
　　A. 儿　　B. 几

(2) 这是我们家的_____片。（　　）
　　A. 昭　　B. 照

(3) 我爸爸是医_____。（　　）
　　A. 生　　B. 主

(4) 我们家有_____和咖啡。（　　）
　　A. 茶　　B. 荼

(5) 今_____我们有英语课。（　　）
　　A. 天　　B. 大

6 连接Ⅰ和Ⅱ两部分的句子，组成对话。
Make dialogues by matching sentences on the left with those on the right.

Part I

Ⅰ

① Nǐ bàba zuò shénme gōngzuò?
　你爸爸做什么工作？

② Nǐmen jiā yǒu jǐ kǒu rén?
　你们家有几口人？

③ Bèibei shì shéi?
　贝贝是谁？

Ⅱ

A. Tā shì lǎoshī.
　他是老师。

B. Bèibei shì wǒ de xiǎo gǒu.
　贝贝是我的小狗。

C. Wǒmen jiā yǒu wǔ kǒu rén.
　我们家有五口人。

Part II

Ⅰ

④ Tā nǚ'ér jīnnián jǐ suì?
　她女儿今年几岁？

⑤ Nǐ míngtiān wǎnshang yǒu kè ma?
　你明天晚上有课吗？

⑥ Nǐ hē shénme?
　你喝什么？

Ⅱ

D. Wǒ hē kāfēi.
　我喝咖啡。

E. Shí suì.
　十岁。

F. Méi yǒu.
　没有。

第 3 课　你们家有几口人

Lesson 3　How many people are there in your family

7 对画线部分提问。

Ask questions about the underlined parts.

Example　Wǒ yǒu gēge.　我 有 哥哥。　→　Nǐ yǒu gēge ma?　你 有 哥哥 吗？

（1）Dàwéi yǒu sān ge Zhōngguó péngyou.　大为 有 三 个 中国 朋友。 →＿＿＿＿＿＿＿＿＿＿＿

（2）Tāmen jiā yǒu bā kǒu rén.　他们 家 有 八 口 人。 →＿＿＿＿＿＿＿＿＿＿＿

（3）Zhè shì wǒ de xiǎo gǒu.　这 是 我 的 小 狗。 →＿＿＿＿＿＿＿＿＿＿＿

（4）Wǒ māma xǐhuan chī miàntiáo.　我 妈妈 喜欢 吃 面条。 →＿＿＿＿＿＿＿＿＿＿＿

（5）Wǒ yào kāfēi, hái yào diǎnxin.　我 要 咖啡，还要 点心。 →＿＿＿＿＿＿＿＿＿＿＿

8 翻译。（不会写的汉字可以写拼音）

Translation. (Use *pinyin* for the characters you can't write.)

（1）Wǒmen jiā yǒu wǔ kǒu rén, bàba、māma、liǎng ge jiějie hé wǒ.
我们 家有 五 口 人，爸爸、妈妈、两 个 姐姐 和 我。

＿＿＿＿＿＿＿＿＿＿＿＿＿＿＿＿＿＿＿＿＿＿＿＿＿＿＿＿＿＿＿

（2）Wǒ bàba shì Hànyǔ lǎoshī, wǒ māma shì Yīngyǔ lǎoshī.
我 爸爸 是 汉语 老师，我 妈妈 是 英语 老师。

＿＿＿＿＿＿＿＿＿＿＿＿＿＿＿＿＿＿＿＿＿＿＿＿＿＿＿＿＿＿＿

（3）Mǎlì yǒu yí ge gēge, tā méi yǒu dìdi.
玛丽 有 一 个 哥哥，她 没 有 弟弟。

＿＿＿＿＿＿＿＿＿＿＿＿＿＿＿＿＿＿＿＿＿＿＿＿＿＿＿＿＿＿＿

（4）Zhè shì shéi de zhàopiàn?
这 是 谁 的 照片？

＿＿＿＿＿＿＿＿＿＿＿＿＿＿＿＿＿＿＿＿＿＿＿＿＿＿＿＿＿＿＿

（5）Chén lǎoshī de nǚ'ér jīnnián wǔ suì.
陈 老师 的 女儿 今年 五 岁。

＿＿＿＿＿＿＿＿＿＿＿＿＿＿＿＿＿＿＿＿＿＿＿＿＿＿＿＿＿＿＿

（6）What jobs do your parents do?

＿＿＿＿＿＿＿＿＿＿＿＿＿＿＿＿＿＿＿＿＿＿＿＿＿＿＿＿＿＿＿

（7）I do not have a piano class tomorrow.

＿＿＿＿＿＿＿＿＿＿＿＿＿＿＿＿＿＿＿＿＿＿＿＿＿＿＿＿＿＿＿

（8）This picture is really beautiful!

_____

9 根据所给拼音，用括号里的词语组成句子。
Make sentences using the words in the brackets based on the *pinyin* given.

（1）Lù Yǔpíng jiā yǒu sān kǒu rén.（口　陆雨平　有　三　人　家）

_____

（2）Nǐ gēge zuò shénme gōngzuò?（你　做　哥哥　工作　什么）

_____

（3）Wǒ yígòng yǒu shí zhāng zhàopiàn.（照片　一共　有　张　我　十）

_____

（4）Nǐ nǚ'ér jīnnián jǐ suì?（几　你　今年　岁　女儿）

_____

（5）Tā wǎnshang hái yǒu gāngqínkè.（钢琴课　她　还　有　晚上）

_____

10 找词语或句子。
Seek and find.

Try to find as many words or sentences as possible from the following jumble of characters. Look horizontally, vertically and diagonally. Circle each word or sentence and copy it.

我	家	两	那	喝
她	没	是	孩	你
几	谁	有	真	子
人	岁	忙	课	今

11 完成会话。
Complete the dialogues.

Part I

（1）A：_____？
　　　　Shì, zhè shì wǒmen jiā de zhàopiàn.
　　B：是，这是我们家的照片。

　　A：_____？
　　　　Zhè bú shì wǒ gēge, zhè shì wǒ dìdi.
　　B：这不是我哥哥，这是我弟弟。

24

第3课　你们家有几口人
Lesson 3　How many people are there in your family

（2）(Asking about one's family and profession)

A: _____?

Wǒmen jiā yǒu sì kǒu rén,
B: 我们家有四口人，
bàba、māma、jiějie hé wǒ.
爸爸、妈妈、姐姐和我。

A: _____?

Wǒ bàba hé wǒ māma dōu
B: 我爸爸和我妈妈都
shì lǎoshī.
是老师。

Zhè shì shéi de zhàopiàn?
（3）A: 这是谁的照片？

B: _____。

Nǐ mèimei
A: 你妹妹_____?

Tā shì xuésheng, tā xuéxí
B: 她是学生，她学习
Yīngyǔ.
英语。

Part II

（4）(Asking about one's classes)

A: _____?

Yǒu, míngtiān wǒ shàngwǔ yǒu
B: 有，明天我上午有
Yīngyǔkè, xiàwǔ hé wǎnshang
英语课，下午和晚上
hái yǒu gāngqínkè.
还有钢琴课。

A: _____!

Lǐ lǎoshī
（5）A: 李老师_____?

Yǒu, tā yǒu yí ge nǚ'ér.
B: 有，她有一个女儿。

(Asking about one's age)

A: _____?

Tā nǚ'ér jīnnián jiǔ suì.
B: 她女儿今年九岁。

12 根据所给汉字或拼音填空，注意句子的组合规则。

Write the correct characters or *pinyin* on the lines below. Pay attention to the syntactic rules.

(1) _____
　　 zhàopiàn

(2) 两张 _____
　　　　　 zhàopiàn

(3) 两张 _____　_____
　　　　 wǒmen jiā de　zhàopiàn

(4) 我 _____ 两张 _____ 。
　　　 yǒu　　　 wǒmen jiā de　zhàopiàn.

13 阅读理解。
Reading comprehension.

Part I

（1）Read the passage and answer the questions.

> Wǒ jiào Zhāng Huá, zhè shì wǒmen jiā de zhàopiàn. Wǒmen jiā yǒu wǔ kǒu rén,
> 我叫张华，这是我们家的照片。我们家有五口人，
> bàba、 māma、 jiějie、 dìdi hé wǒ. Wǒ bàba shì lǜshī, wǒ māma shì jìzhě,
> 爸爸、妈妈、姐姐、弟弟和我。我爸爸是律师，我妈妈是记者，
> tāmen dōu hěn máng. Wǒ dìdi jīnnián jiǔ suì, tā hěn kě'ài.
> 他们都很忙。我弟弟今年九岁，他很可爱。

Zhāng Huá jiā yǒu jǐ kǒu rén?
① 张华家有几口人？

Zhāng Huá de bàba zuò shénme gōngzuò?
② 张华的爸爸做什么工作？

Zhāng Huá de dìdi jīnnián jǐ suì?
③ 张华的弟弟今年几岁？

Part II

（2）Read the passage and answer the questions.

> Nǐ kàn, zhè shì wǒ nǚ'ér de zhàopiàn, tā jīnnián bā suì. Tā xǐhuan chī jiǎozi,
> 你看，这是我女儿的照片，她今年八岁。她喜欢吃饺子，
> hái xǐhuan chī miàntiáo, kěshì bù xǐhuan chī mǐfàn. Jīntiān tā yǒu Yīngyǔkè,
> 还喜欢吃面条，可是（but）不喜欢吃米饭。今天她有英语课，
> bú zài jiā.
> 不在家。

Zhè shì shéi de zhàopiàn?
① 这是谁的照片？

Tā nǚ'ér jīnnián jǐ suì?
② 她女儿今年几岁？

Tā nǚ'ér xǐhuan chī mǐfàn ma?
③ 她女儿喜欢吃米饭吗？

Tā nǚ'ér jīntiān yǒu shénme kè?
④ 她女儿今天有什么课？

第 3 课　你们家有几口人
Lesson 3　How many people are there in your family

（3）Look at the pictures and answer the questions.

　　　　　Tāmen jiā yǒu jǐ kǒu rén?
① 他们 家 有 几 口 人?

　　　　Zhège chēpáihào　　　　　　　　　　　shì duōshao?
② 这个 车牌号（license plate number）是 多少?（Write in *pinyin* or characters.）

14　写作练习。
Writing practice.

Answer the questions and write about your family based on the answers. (Use *pinyin* for the characters you can't write.)

Questions:

　　　　Nǐmen jiā yǒu jǐ kǒu rén?
（1）你们 家 有 几 口 人?

　　　　Tāmen zuò shénme gōngzuò?
（2）他们 做 什么 工作?

　　　　Tāmen xǐhuan chī shénme?
（3）他们 喜欢 吃 什么?

　　　　Nǐmen jiā yǒu chǒngwù　　　ma?
（4）你们 家 有 宠物（pet）吗?

_____

_____

_____

_____

4 你明天几点有课
Nǐ míngtiān jǐ diǎn yǒu kè
What time do you have class tomorrow

听说练习 Listening and Speaking Exercises

1 听对话，判断正误。 04-1
Listen to the dialogues and decide whether the statements are true (T) or false (F).

Part I

◆ Dialogue I:

(1) The man is not busy tomorrow. ( )

(2) He has a grammar class at 8:00 a.m. ( )

◆ Dialogue II:

(3) The woman is available tonight. ( )

(4) The man suggests going shopping. ( )

Part II

◆ Dialogue III:

(5) It is 6:05 now. ( )

(6) The woman has a piano class at 6:30. ( )

(7) The woman will go back to school at 7:00. ( )

◆ Dialogue IV:

(8) There are sixteen students in the woman's class. ( )

(9) There are five male students in the woman's class. ( )

(10) There are eight female students in the man's class. ( )

2 听短文，用拼音填空。 04-2
Listen to the passages and fill in the blanks with *pinyin*.

(1) Dīng Lìbō míngtiān _____. Tā shàngwǔ _____ yǒu yǔfǎkè, shí diǎn yǒu _____ kè, _____ yǒu Hànzìkè, wǎnshang qī diǎn hái yǒu _____ kè.

（2）Wǒmen bān yígòng yǒu _____ ge xuésheng, _____ ge nǚshēng, _____ ge nánshēng. Tāmen bān yígòng yǒu _____ ge xuésheng, zhǐ yǒu _____.

3 听录音，选择正确答案。 04-3

Listen and choose the correct answers.

（1）A. 八点半　　　　B. 六点半　　　　C. 七点半　　　（　）
（2）A. 差五分两点　　B. 差十分两点　　C. 差五分十点　（　）
（3）A. 三点一刻　　　B. 一点三刻　　　C. 一点一刻　　（　）
（4）A. 我明天七点有课。B. 我明天八点有课。C. 我明天六点　（　）
　　　　　　　　　　　　　　　　　　　　　　有课。
（5）A. 四点半我回学校。B. 十点半我回学校。C. 四点半我回家。（　）
（6）A. 我们班有十二　 B. 我们班有二十　 C. 我们班有二十　（　）
　　 个学生。　　　　 个学生。　　　　 二个学生。

4 任务或活动。

Task or activity.

Interview a friend of yours using the sentence patterns you've learned in this lesson. Ask about his/her detailed schedule for tomorrow and write down the answers in the table below. You may ask questions like "When will you get up?" and "What will you do at eight in the morning?"

Time	What to do
	起床
上午 08:00	
上午 10:00	
	吃午饭
下午 02:00	
下午 04:00	
下午 06:00	
	吃晚饭
晚上 10:00	
	睡觉

第4课 你明天几点有课
Lesson 4 What time do you have class tomorrow

读写练习 Reading and Writing Exercises

1 语音练习。
Pronunciation drills.

Part I

◆ Put tone marks above the words.

(1) mingtian　　　(2) tebie　　　(3) dianying

(4) shangwu　　　(5) yufa

Part II

◆ Put tone marks above the words.

(6) xuexiao　　　(7) duoshao　　　(8) you yisi

(9) xuesheng　　　(10) zhuyi

2 按正确的笔顺描汉字，并在后边的空格里写汉字。
Trace over the characters following the correct stroke order and then practice writing them in the blank boxes.

duō	多	ノクタタ多多	多	多
zhǐ	只	丶口口尸只	只	只
xià	下	一丁下	下	下
huí	回	丨冂门冋回回	回	回
shǎo	少	丨丨小少	少	少

3 分析下列汉字的部件结构，并在后边的空格里临写。
Do a componential analysis of the structure of each character and then copy it in the blank boxes.

míng	明	(日+月)	明	明
bié	别	(另+刂)	别	别
yǐng	影	(景+彡)	影	影
fǎ	法	(氵+去)	法	法
xiàn	现	(王+见)	现	现

· 31

4 给下列各组汉字注音，并把它们的部首写在括号中。

Write down the *pinyin* of the characters on the lines and the radicals of them in the brackets.

(1) A. 明_____ B. 时_____ (   )

(2) A. 刻_____ B. 别_____ (   )

(3) A. 法_____ B. 活_____ (   )

(4) A. 动_____ B. 男_____ (   )

(5) A. 恐_____ B. 思_____ (   )

5 选择正确的汉字填空。

Fill in the blanks with the correct characters.

(1) 明天_____午两点我有汉字课。(   )

　　A. 下　　B. 丅

(2) 五点_____我回学校。(   )

　　A. 来　　B. 半

(3) 现在_____十分六点。(   )

　　A. 羞　　B. 差

(4) 我们班男生多，女生_____。(   )

　　A. 少　　B. 小

(5) 我们一起_____习口语吧。(   )

　　A. 练　　B. 炼

6 连接 I 和 II 两部分的句子，组成对话。

Make dialogues by matching sentences on the left with those on the right.

Part I

I

① Nǐ míngtiān jǐ diǎn yǒu kè?
你 明天 几 点 有 课？

② Nǐ jīntiān wǎnshang yǒu méi yǒu shíjiān?
你 今天 晚上 有 没 有 时间？

③ Nǐ lèi bu lèi?
你 累 不 累？

II

A. Wǒ méi yǒu shíjiān.
我 没 有 时间。

B. Tèbié lèi.
特别 累。

C. Wǒ míngtiān shàngwǔ shí diǎn yǒu kè.
我 明天 上午 十点 有 课。

第4课　你明天几点有课

Lesson 4　What time do you have class tomorrow

Part II

I

④ Nǐmen bān de nǚshēng duō bu duō?
　你们 班 的 女生 多 不 多?

⑤ Xiànzài jǐ diǎn?
　现在 几 点?

⑥ Nǐmen bān yígòng yǒu duōshao rén?
　你们 班 一共 有 多少 人?

II

D. Chà yí kè bā diǎn.
　差 一 刻 八 点。

E. Bù duō.
　不 多。

F. Èrshíbā ge rén.
　二十八 个 人。

7 对画线部分提问。

Ask questions about the underlined parts.

Example　Wǒ hěn lèi.　　→　Nǐ lèi bu lèi?
　　　　　我 很 累。　　　　你 累 不 累?

（1）Wǒ míngtiān hěn máng.　→ _____
　　 我 明天 很 忙。

（2）Wǒ jīntiān wǎnshang yǒu shíjiān.　→ _____
　　 我 今天 晚上 有 时间。

（3）Tā bù hē kāfēi.　→ _____
　　 她 不 喝 咖啡。

（4）Wǒmen bān de nánshēng bú tài duō.　→ _____
　　 我们 班 的 男生 不 太 多。

（5）Wǒmen míngtiān kàn diànyǐng.　→ _____
　　 我们 明天 看 电影。

8 翻译。(不会写的汉字可以写拼音)

Translation. (Use pinyin for the characters you can't write.)

（1）Wǒ míngtiān shàngwǔ shí diǎn yǒu yǔfǎkè, xiàwǔ liǎng diǎn yǒu kǒuyǔkè.
　　 我 明天 上午 十 点 有 语法课，下午 两 点 有 口语课。

　　 _____

（2）Nǐ míngtiān zhōngwǔ yǒu méi yǒu shíjiān?
　　 你 明天 中午 有 没 有 时间?

　　 _____

（3）Zhège diànyǐng hěn yǒu yìsi.
　　 这个 电影 很 有 意思。

　　 _____

　　　　　Nǐmen bān yígòng yǒu duōshao ge nǚshēng?
（4）你们班一共有多少个女生？
_____

　　　　　Nǐ gēge xuéxí shénme zhuānyè? Nǐ jiějie ne?
（5）你哥哥学习什么专业？你姐姐呢？
_____

（6）Let's watch a movie together.
_____

（7）I have a class of Chinese characters at three tomorrow afternoon.
_____

（8）There are altogether thirty-two students in our class.
_____

9 根据所给拼音，用括号里的词语组成句子。
Make sentences using the words in the brackets based on the *pinyin* given.

（1）Lín Nà lèi bu lèi?（不　累　林娜　累）
_____

（2）Wǒ shàngwǔ bā diǎn yǒu kǒuyǔkè.（有　我　口语课　八点　上午）
_____

（3）Wǒmen bān míngtiān zhōngwǔ yǒu huódòng.（明天　我们　活动　班　有　中午）
_____

（4）Tāmen bān yǒu duōshao ge xuésheng?（多少　他们　班　有　个　学生）
_____

（5）Wǎnshang shí diǎn wǒ huí jiā.（回　晚上　家　我　十点）
_____

10 找词语或句子。
Seek and find.

Try to find as many words or sentences as possible from the following jumble of characters. Look horizontally, vertically and diagonally. Circle each word or sentence and copy it.

第 4 课　你明天几点有课
Lesson 4　What time do you have class tomorrow

明	她	差	有	你
多	天	没	累	意
特	学	不	时	人
别	累	主	忙	间

11 完成会话。
Complete the dialogues.

Part I

(1)(Talking about study)

A: _____?

B: 我 明天 上午 九 点 有 口语课, 下午 三 点 有 汉字课。
Wǒ míngtiān shàngwǔ jiǔ diǎn yǒu kǒuyǔkè, xiàwǔ sān diǎn yǒu Hànzìkè.

A: _____?

B: 不太累, 我 喜欢 学习 汉语。
Bú tài lèi, wǒ xǐhuan xuéxí Hànyǔ.

(2)(Making a date)

A: _____?

B: 我 今天 晚上 有 时间。
Wǒ jīntiān wǎnshang yǒu shíjiān.

A: 今天 晚上 有一个 好 电影, 你_____?
Jīntiān wǎnshang yǒu yí ge hǎo diànyǐng, nǐ

B: 是不是《功夫 熊猫》(Kung Fu Panda)?
Shì bu shì《Gōngfu Xióngmāo》?

A: 是。听说 这个 电影 特别 有 意思。
Shì. Tīngshuō zhège diànyǐng tèbié yǒu yìsi.

B: 行! 我们 一起 去 吧。
Xíng! Wǒmen yìqǐ qù ba.

Part II

(3) A: _____?

B: 我们 班 有 三十八 个 学生。
Wǒmen bān yǒu sānshíbā ge xuésheng.

A: _____?
B: 不太多，我们班只有四个男生。
   Bú tài duō, wǒmen bān zhǐ yǒu sì ge nánshēng.

(4) A: _____?
B: 我们学校一共有三十个专业。
   Wǒmen xuéxiào yígòng yǒu sānshí ge zhuānyè.

A: _____?
B: 我们学校有一百二十个老师。
   Wǒmen xuéxiào yǒu yìbǎi èrshí ge lǎoshī.

(5) A: _____?
B: 我十二点半吃午饭。
   Wǒ shí'èr diǎn bàn chī wǔfàn.

A: _____? (Asking about one's likes)
B: 喜欢，我很喜欢吃饺子。
   Xǐhuan, wǒ hěn xǐhuan chī jiǎozi.
A: 今天中午我们一起吃饺子吧。
   Jīntiān zhōngwǔ wǒmen yìqǐ chī jiǎozi ba.
B: 行！
   Xíng!

12 根据所给汉字或拼音填空，注意句子的组合规则。

Write the correct characters or *pinyin* on the lines below. Pay attention to the syntactic rules.

(1) _____
    míngtiān

(2) _____ 晚上
    míngtiān

(3) _____ 晚上 _____
    míngtiān   qī diǎn bàn

(4) _____ _____ 晚上 _____ _____ 学校。
    Wǒ míngtiān   qī diǎn bàn   huí   .

第4课 你明天几点有课
Lesson 4 What time do you have class tomorrow

13 阅读理解。
Reading comprehension.

Part I

（1）Read the passage and answer the questions.

Wáng Xiǎoyún zǎoshang liù diǎn bàn qǐchuáng, qī diǎn chī zǎofàn,
王 小云 早上 六点半 起床（to get up），七点 吃 早饭，
qī diǎn bàn qù xuéxiào. Tā xuéxí Yīngyǔ zhuānyè, měi tiān yǒu hěn duō kè: shàngwǔ
七点半 去 学校。她 学习 英语 专业，每天 有 很多课：上午
bā diǎn yǒu yǔfǎkè, shí diǎn yǒu kǒuyǔkè, xiàwǔ liǎng diǎn yǒu xiězuòkè, wǎnshang
八点 有 语法课，十点 有 口语课，下午 两点 有 写作课，晚上
hái yǒu Yīngyǔ diànyǐngkè. Tā tèbié máng, tā shuō tā bú lèi. Zhōumò tā
还有 英语 电影课。她 特别 忙，她 说 她 不累。周末（weekend）她
hé Lín Nà yìqǐ liànxí kǒuyǔ. Lín Nà shì Yīngguórén, xiànzài zài Zhōngguó. Tā shì
和 林娜 一起 练习 口语。林娜 是 英国人，现在 在 中国。她 是
Xiǎoyún de hǎo péngyou.
小云 的 好 朋友。

① Wáng Xiǎoyún jǐ diǎn chī zǎofàn?
王 小云 几点 吃 早饭？

② Xiǎoyún xuéxí shénme zhuānyè?
小云 学习 什么 专业？

③ Xiǎoyún jǐ diǎn yǒu kǒuyǔkè?
小云 几点 有 口语课？

④ Zhōumò Xiǎoyún hé shéi yìqǐ liànxí kǒuyǔ?
周末 小云 和 谁 一起 练习 口语？

Part II

（2）Read the passage and answer the questions.

Chén Míng zài zhōngxué gōngzuò. Tāmen xuéxiào yígòng yǒu
陈 明 在 中学（middle school）工作。她们 学校 一共 有
èrshíyī ge bān, yǒu sìshíwǔ ge lǎoshī. Tā jiāo Yīngyǔ. Tāmen bān yígòng
二十一 个 班，有 四十五 个 老师。她 教（to teach）英语。她们 班 一共
yǒu sānshíliù ge xuésheng, èrshí ge nánshēng, shíliù ge nǚshēng. Jīntiān xiàwǔ sān
有 三十六 个 学生，二十 个 男生，十六 个 女生。今天 下午 三
diǎn xuéxiào yǒu huódòng, lǎoshī hé xuéshengmen yìqǐ kàn diànyǐng《Gōngfu Xióngmāo》.
点 学校 有 活动，老师 和 学生们 一起 看 电影《功夫 熊猫》。
Zhège diànyǐng hěn yǒu yìsi, dàjiā dōu hěn xǐhuan kàn.
这个 电影 很 有意思，大家 都 很 喜欢看。

Chén Míng de xuéxiào yígòng yǒu duōshao ge lǎoshī?
① 陈 明 的 学校 一共 有 多少 个 老师？

Tāmen bān yígòng yǒu duōshao ge nǚshēng?
② 她们 班 一共 有 多少 个 女生？

Jīntiān xiàwǔ lǎoshī hé xuéshengmen yìqǐ zuò shénme?
③ 今天 下午 老师 和 学生们 一起 做 什么？

（3）Look at the pictures and fill in the blanks.

Chinese Classes

节次	星期 课程 时间	一	二	三	四
1 2	8:00—9:50	综合汉语	汉语听力	汉语口语	综合汉语
3 4	10:10—12:00	汉语写作	汉语口语	综合汉语	汉语口语
5 6	13:30—15:20	汉语听力			

Xīngqīyī shàngwǔ shí diǎn shí fēn yǒu   Xīngqīsān shàngwǔ bā diǎn yǒu
① 星期一 上午 十 点 十 分 有 ＿＿＿＿＿＿＿，星期三 上午 八 点 有

＿＿＿＿＿＿＿。

男女比例

♂：男
♀：女

wǒmen bān   tāmen bān
我们 班   他们 班

Wǒmen bān yǒu   zhǐ yǒu
② 我们 班 有 ＿＿＿＿＿＿＿，只 有 ＿＿＿＿＿＿＿。

Tāmen bān yǒu   zhǐ yǒu
他们 班 有 ＿＿＿＿＿＿＿，只 有 ＿＿＿＿＿＿＿。

第 4 课　你明天几点有课

Lesson 4　What time do you have class tomorrow

（4）Read the following clipping from the Chinese newspaper 人民日报 (Rénmín Rìbào, *People's Daily*) and fill in the following blanks.

人民日报
RENMIN RIBAO
人民网网址：http://www.people.com.cn

2016年3月
15
星期二
丙申年二月初七
人民日报社出版
国内统一连续出版物号
CN 11-0065
代号 1-1
第 24720 期
今日 24 版

① This newspaper was issued (in Beijing) on:

　Day/month/year: _____

　Day of the week: _____

② Circle or highlight the characters in this newspaper clipping that you have learned so far.

14 写作练习。
　　Writing practice.

Write a paragraph about your friend's schedule tomorrow based on the results you've got from the interview on page 30. (Use *pinyin* for the characters you can't write.)

Example

Lín Nà de yì tiān
林娜的一天

Lín Nà míngtiān liù diǎn bàn qǐchuáng. Shàngwǔ bā diǎn bàn yǒu
林娜 明天 六点 半 起床。 上午 八点 半 有

yǔfǎkè, shí diǎn bàn yǒu kǒuyǔkè. Zhōngwǔ shí'èr diǎn chī wǔfàn.
语法课，十点 半 有 口语课。 中午 十二点 吃 午饭。

Xiàwǔ liǎng diǎn yǒu Hànzìkè, sì diǎn hé Zhōngguó péngyou yìqǐ liànxí
下午 两点 有 汉字课， 四点 和 中国 朋友 一起 练习

· 39 ·

kǒuyǔ. Tā liù diǎn bàn chī wǎnfàn, bā diǎn hé Wáng Xiǎoyún yìqǐ kàn
口语。她六点半吃晚饭，八点和王小云一起看
diànyǐng, shí'èr diǎn shuìjiào.
电影，十二点睡觉。

5 Zhù nǐ shēngrì kuàilè
祝你生日快乐
Happy birthday to you

听说练习 Listening and Speaking Exercises

1 听对话，判断正误。 05-1
Listen to the dialogues and decide whether the statements are true (T) or false (F).

Part I

◆ Dialogue I:

（1）This Saturday is Song Hua's birthday.　　　　　　　　　（　）

（2）The man will give Song Hua a birthday cake as a present.　（　）

◆ Dialogue II:

（3）The woman's younger brother was born in 2001.　　　　　（　）

（4）The woman's younger brother was born in the year of dragon.（　）

Part II

◆ Dialogue III:

（5）They are having a birthday party.　　　　　　　　　　　（　）

（6）The woman is 24 years old.　　　　　　　　　　　　　　（　）

（7）The man has no birthday present for the woman.　　　　（　）

◆ Dialogue IV:

（8）They are looking at a picture of the woman's family.　　（　）

（9）Teacher Chen teaches them grammar.　　　　　　　　　（　）

（10）Teacher Li teaches them grammar.　　　　　　　　　　（　）

2 听短文，用拼音填空。 05-2
Listen to the passages and fill in the blanks with *pinyin*.

（1）Dà Lín _____ nián _____ yuè _____ rì chūshēng, jīnnián _____ suì. Zhège _____ shì tā de shēngrì, wǒmen yǒu yí ge _____. Wǒ sòng tā yí ge _____, Xiǎoyún sòng tā yì hé _____, Lù Yǔpíng sòng tā _____. Wǒmen yìqǐ zhù tā _____.

(2) Wǒ lái jièshào yíxià, zhè shì wǒ de _____ Wáng Xiǎoyún. Tā jiāo wǒ _____、xiě Hànzì, hái jiāo wǒ zuò _____ hé _____. Rènshi tā, wǒ tèbié _____.

3 听录音，选择正确答案。 05-3

Listen and choose the correct answers.

（1）A. 星期三　　　　B. 星期五　　　　C. 星期日　　（　　）

（2）A. 七月五号　　　B. 五月七号　　　C. 七月一号　（　　）

（3）A. 一九九六年　　B. 一九八六年　　C. 一八九六年　（　　）

（4）A. 今天二月二十八号。　B. 今天二月十八号。　C. 今天二月八号。　（　　）

（5）A. 昨天星期三。　B. 明天星期四。　C. 明天星期日。（　　）

（6）A. 他教我说法语。　B. 他教我说英语。　C. 他教我说汉语。（　　）

4 任务或活动。

Task or activity.

Talk about the months and years your family members were born and their ages using the sentence patterns you've learned in this lesson. The Chinese zodiac is quite interesting. Find out your family members' respective zodiac animals. For example:

Wǒ bàba yī jiǔ liù sì nián chūshēng, jīnnián wǔshí'èr suì, shǔ lóng.
我爸爸一九六四年出生，今年五十二岁，属龙。

读写练习 Reading and Writing Exercises

1 语音练习。

Pronunciation drills.

Part I

◆ Put tone marks above the words.

（1）shengri　　　　（2）chang ge　　　　（3）canjia

（4）juhui　　　　　（5）chusheng

第 5 课　祝你生日快乐
Lesson 5　Happy birthday to you

Part II

◆ Put tone marks above the words.

（6）kuaile　　　　　（7）qin'ai　　　　　（8）changchang

（9）zuotian　　　　（10）zanmen

2 按正确的笔顺描汉字，并在后边的空格里写汉字。

Trace over the characters following the correct stroke order and then practice writing them in the blank boxes.

rì	日	丨 冂 日 日	日	日
yuè	月	丿 几 月 月	月	月
chū	出	一 凵 屮 出 出	出	出
hào	号	丶 冂 口 므 号	号	号
gān	干	一 二 干	干	干

3 分析下列汉字的部件结构，并在后边的空格里临写。

Do a componential analysis of the structure of each character and then copy it in the blank boxes.

chàng	唱	（口 + 昌）	唱	唱
tiào	跳	（足 + 兆）	跳	跳
sòng	送	（关 + 辶）	送	送
xī	惜	（忄 + 昔）	惜	惜
jiāo	教	（孝 + 攵）	教	教

4 给下列各组汉字注音，并把它们的部首写在括号中。

Write down the *pinyin* of the characters on the lines and the radicals of them in the brackets.

（1）A. 唱＿＿＿＿　　B. 叫＿＿＿＿　　（　　）

（2）A. 礼＿＿＿＿　　B. 祝＿＿＿＿　　（　　）

（3）A. 送＿＿＿＿　　B. 迎＿＿＿＿　　（　　）

· 43

（4）A. 惜＿＿＿＿　　B. 快＿＿＿＿　　（　　）

（5）A. 家＿＿＿＿　　B. 客＿＿＿＿　　（　　）

5 选择正确的汉字填空。

Fill in the blanks with the correct characters.

（1）明天是你的＿＿＿日。（　　）　　　　（4）你们好，＿＿＿迎！（　　）
　　　A. 主　　B. 生　　　　　　　　　　　　　A. 吹　　B. 欢

（2）我们一起唱＿＿＿。（　　）　　　　　　（5）来，咱们干＿＿＿！（　　）
　　　A. 歌　　B. 哥　　　　　　　　　　　　　A. 杯　　B. 怀

（3）我送他一＿＿＿巧克力。（　　）
　　　A. 盒　　B. 合

6 连接Ⅰ和Ⅱ两部分的句子，组成对话。

Make dialogues by matching sentences on the left with those on the right.

Part I

Ⅰ

① Nǐ jīnnián duō dà?
  你 今年 多 大?

② Míngtiān wǒmen yǒu yí ge jùhuì, nǐ cānjiā bu cānjiā?
  明天 我们 有一个 聚会, 你 参加 不 参加?

③ Nǐ sòng tā shénme shēngrì lǐwù?
  你 送 他 什么 生日 礼物?

Ⅱ

A. Zhēn bù hǎoyìsi, míngtiān wǒ méi yǒu shíjiān.
  真 不好意思, 明天 我 没 有 时间。

B. Wǒ sòng tā sān hé qiǎokèlì.
  我 送 他 三 盒 巧克力。

C. Wǒ yī jiǔ bā wǔ nián chūshēng, jīnnián sānshíyī suì.
  我 一九八五 年 出生, 今年 三十一 岁。

Part II

I

Zhù nǐ shēngrì kuàilè!
④ 祝 你 生日 快乐！

Tā jiāo nǐ shénme?
⑤ 她 教 你 什么？

Wǒ lái jièshào yíxià, zhè shì
⑥ 我 来 介绍 一下，这是
wǒ mèimei Lín Nà.
我 妹妹 林 娜。

II

Tā jiāo wǒ shuō Hànyǔ.
D. 她 教 我 说 汉语。

Lín Nà, nǐ hǎo!
E. 林娜，你好！

Xièxie!
F. 谢谢！

7 对画线部分提问。

Ask questions about the underlined parts.

Example　Jīntiān Bāyuè wǔ hào.　　　　　Jīntiān jǐ hào?
今天 八月 五号。　　→　　今天 几号？

Zhège Xīngqīliù Shí'èryuè èrshíwǔ hào.
（1）这个 星期六 十二月 二十五号。　→ _____

Jīntiān Xīngqīsān.
（2）今天 星期三。　→ _____

Tā jīnnián èrshíbā suì.
（3）他 今年 二十八 岁。　→ _____

Wǒ sòng tā yí ge dà dàngāo.
（4）我 送 他 一个 大 蛋糕。　→ _____

Wǒ jiù shì Mǎ Dàwéi.
（5）我 就是 马大为。　→ _____

8 翻译。（不会写的汉字可以写拼音）

Translation. (Use *pinyin* for the characters you can't write.)

Tā yī jiǔ bā sì nián chūshēng, jīnnián sānshí'èr suì.
（1）她 一九八四 年 出生，今年 三十二 岁。

_____

Jīntiān bú shì Sìyuè yī hào, shì Sìyuè èr hào.
（2）今天 不是 四月 一号，是 四月 二号。

_____

（3）Wǒ sòng tā yì zhāng diànyǐng DVD.
我 送 他 一 张 电影 DVD。

_____

（4）Wǒ lái jièshào yíxià, zhè jiù shì wǒ péngyou Dīng Lìbō.
我 来 介绍 一下，这 就 是 我 朋友 丁 力波。

_____

（5）Zhù Wáng Xiǎoyún shēngrì kuàilè!
祝 王 小云 生日 快乐！

_____

（6）She is 16 years old and was born in the year of dragon.

_____

（7）She often teaches us to sing Chinese songs.

_____

（8）Tomorrow is May 4th, my mother's birthday.

_____

9 根据所给拼音，用括号里的词语组成句子。
Make sentences using the words in the brackets based on the *pinyin* given.

（1）Míngtiān Shíyuè sānshíyī hào.（十月 明天 三十一号）

_____

（2）Wǒ sòng tā yí ge shēngrì dàngāo.（一个 生日 送 蛋糕 我 她）

_____

（3）Tā yī jiǔ bā wǔ nián chūshēng.（出生 年 她 一九八五）

_____

（4）Tā jiù shì wǒ gēge.（哥哥 他 是 我 就）

_____

（5）Chén lǎoshī jiāo wǒmen yǔfǎ.（陈老师 教 语法 我们）

_____

10 找词语或句子。
Seek and find.

Try to find as many words or sentences as possible from the following jumble of characters. Look horizontally, vertically and diagonally. Circle each word or sentence and copy it.

第 5 课 祝你生日快乐
Lesson 5 Happy birthday to you

唱	可	舞	今	教
客	昨	天	聚	会
气	几	她	属	龙
号	跳	常	祝	号

11 完成会话。
Complete the dialogues.

Part I

(1) A：Míngtiān nǐ yǒu shíjiān ma?
　　明天 你 有 时间 吗?

　　B：＿＿＿＿＿＿＿＿＿＿＿＿＿＿？

　　A：Míngtiān shì Sòng Huá de shēngrì, wǒmen yǒu ge shēngrì jùhuì, nǐ cānjiā bu cānjiā?
　　明天 是 宋 华 的 生日，我们 有 个 生日 聚会，你 参加 不 参加?

　　B：＿＿＿＿＿＿＿＿＿＿＿＿＿＿？（Asking about the date）

　　A：Míngtiān Qīyuè shí hào.
　　明天 七月 十 号。

　　B：＿＿＿＿＿。Wǒ yǒu hěn duō kè, méi yǒu shíjiān.
　　我 有 很 多 课，没 有 时间。（Expressing an apology）

　　A：＿＿＿＿＿＿＿＿！（Expressing regret）

(2) A：＿＿＿＿＿＿＿＿＿＿＿＿？

　　B：Wǒ de shēngrì shì Qīyuè èrshí hào.
　　我 的 生日 是 七月 二十 号。

　　A：Jīntiān Qīyuè shíbā hào, hòutiān shì nǐ de shēngrì!
　　今天 七月 十八 号，后天 是 你 的 生日！

　　B：Shì a.
　　是 啊。＿＿＿＿＿＿＿＿＿＿＿＿？

　　A：Wǒ sòng nǐ liǎng hé qiǎokèlì ba. Nǐ xǐhuan chī qiǎokèlì.
　　我 送 你 两 盒 巧克力 吧。你 喜欢 吃 巧克力。

　　B：Hǎo a, xièxie!
　　好 啊，谢谢！

· 47 ·

（3）A: _____？（Asking about one's age）

　　　　　Wǒ jīnnián èrshíbā suì.
　　B: 我 今年 二十八 岁。

　　A: _____？（Asking about one's sign of the Chinese zodiac）

　　　　　Wǒ shǔ lóng.
　　B: 我 属 龙。

Part II

　　　　　Jīntiān shì nǐ de shēngrì,
（4）A: 今天 是 你 的 生日，_____！（Congratulating

　　someone on his/her birthday）

　　　　　Xièxie nín, Chén lǎoshī!
　　B: 谢谢 您，陈 老师！

　　　　　Nǐ xǐhuan hē kāfēi, wǒ
　　A: 你喜欢 喝 咖啡，我_____。

　　　　　Xièxie nín de shēngrì lǐwù.
　　B: 谢谢 您的 生日 礼物。

（5）A: _____？

　　　　　Zhè shì wǒmen bān de zhàopiàn.
　　B: 这 是 我们 班 的 照片。

　　A: _____？（Identifying a person）

　　　　　Zhè bú shì Chén lǎoshī, shì Zhāng lǎoshī.
　　B: 这 不是 陈 老师，是 张 老师。

　　A: _____？

　　　　　Tā jiāo wǒmen Hànyǔ, hái chángcháng jiāo wǒmen chàng Zhōngwéngē. Wǒmen
　　B: 她 教 我们 汉语，还 常常 教我们 唱 中文歌。 我们
　　　　　dōu hěn xǐhuan tā.
　　　　　都 很 喜欢 她。

12 根据所给汉字或拼音填空，注意句子的组合规则。

Write the correct characters or *pinyin* on the lines below. Pay attention to the syntactic rules.

（1）_____
　　　 sòng

（2）_____ 巧克力
　　　 sòng _____

（3）_____ _____ 巧克力
　　　　sòng　　sān hé　　_____

（4）_____ _____ _____ 巧克力。
　　　Wǒ　 sòng tā　 sān hé　_____

13 阅读理解。
Reading comprehension.

Part I

（1）Read the passage and answer the questions.

> Chén Míng yī jiǔ bā èr nián Qīyuè èrshí rì chūshēng, jīnnián sānshísì
> 陈 明 一九八二年 七月 二十 日 出生，今年 三十四
> suì. Zhège Zhōuliù shì tā de shēngrì. Tāmen jiā yǒu yí ge shēngrì jùhuì, tā de
> 岁。这个 周六 是 她 的 生日。她们 家 有 一个 生日 聚会，她 的
> péngyoumen dōu cānjiā. Chén Míng hěn xǐhuan chàng gē, hái xǐhuan hē kāfēi. Tā
> 朋友们 都 参加。陈 明 很 喜欢 唱 歌，还 喜欢 喝 咖啡。她
> de péngyoumen sòng tā liǎng zhāng yīnyuè　　 CD, hái sòng tā sān hé kāfēi.
> 的 朋友们 送 她 两 张 音乐（music）CD，还 送 她 三 盒 咖啡。

　　Chén Míng de shēngrì shì jǐ yuè jǐ hào?
① 陈 明 的 生日 是 几 月 几 号？

　　Tā jīnnián duō dà?
② 她 今年 多 大？

　　Tā xǐhuan zuò shénme?
③ 她 喜欢 做 什么？

　　Tā de péngyou sòng tā shénme shēngrì lǐwù?
④ 她 的 朋友 送 她 什么 生日 礼物？

Part II

（2）Read the passage and answer the questions.

> Lù Yǔpíng de nǎinai　　　　 yī jiǔ sān yī nián chūshēng, jīnnián bāshíwǔ
> 陆 雨平 的 奶奶（grandmother）一 九 三 一 年 出生，今年 八十五
> suì. Jīntiān shì tā de shēngrì. Dàjiā zài yìqǐ jùhuì, nǎinai tèbié gāoxìng. Lù
> 岁。今天 是 她 的 生日。大家 在 一起 聚会，奶奶 特别 高兴。陆
> Yǔpíng de māma jiāo dàjiā zuò shòumiàn, shòumiàn tèbié hǎochī. Dàjiā yìqǐ chàng
> 雨平 的 妈妈 教 大家 做 寿面，寿面 特别 好吃。大家 一起 唱
> shēngrìgē, yìqǐ gānbēi, zhù nǎinai shēngrì kuàilè.
> 生日歌，一起 干杯，祝 奶奶 生日 快乐。

Lù Yǔpíng de nǎinai duō dà suìshu?
① 陆雨平 的 奶奶 多 大 岁数（age）？

Lù Yǔpíng de māma jiāo dàjiā zuò shénme?
② 陆雨平 的 妈妈 教 大家 做 什么？

Dàjiā yìqǐ zuò shénme?
③ 大家 一起 做 什么？

（3）Look at the pictures and answer the questions.

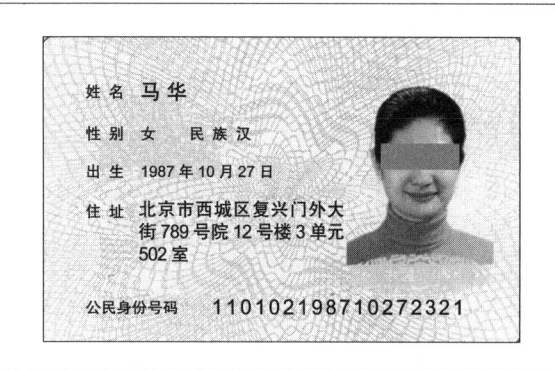

Tā nǎ nián nǎ yuè nǎ rì chūshēng? Jīnnián duō dà?
① 她 哪 年 哪 月 哪 日 出生？ 今年 多 大？

Wǔyuè sān rì xīngqī jǐ?
② 五月 三 日 星期 几？

14 写作练习。

Writing practice.

Make a birthday card for your father or mother and wish him/her a happy birthday using the sentence patterns you've learned in this lesson. (Use *pinyin* for the characters you can't write.)

Example

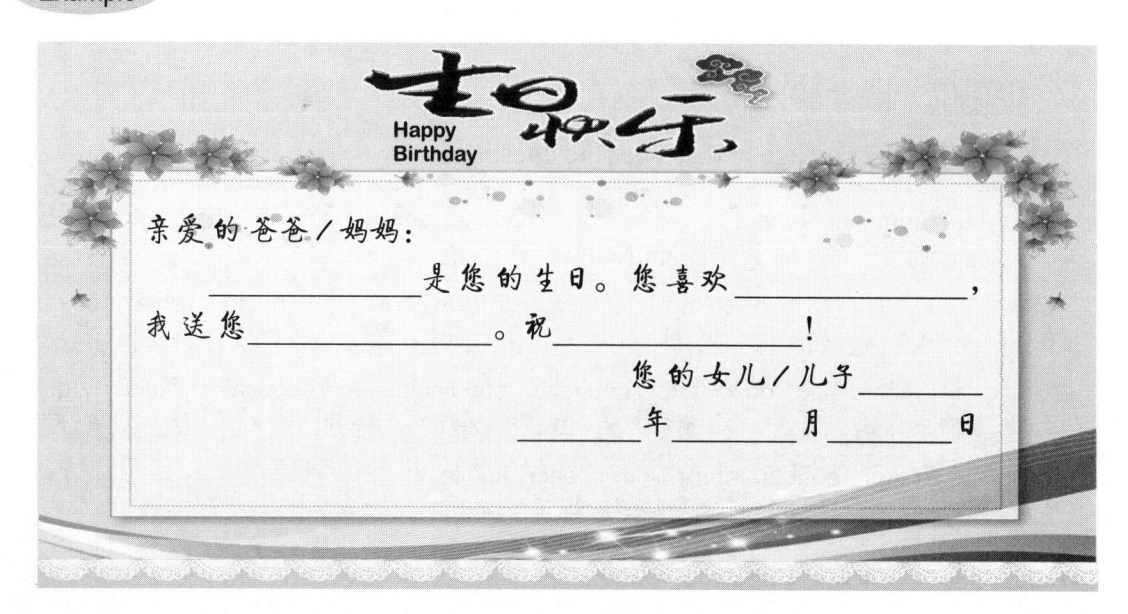

Happy Birthday

亲爱的爸爸/妈妈：

_____是您的生日。您喜欢_____，我送您_____。祝_____！

您的女儿/儿子_____

年　　月　　日

6　Túshūguǎn zài shítáng běibian
图书馆在食堂北边
The library is to the north of the cafeteria

听说练习 Listening and Speaking Exercises

1 听对话，判断正误。

Listen to the dialogues and decide whether the statements are true (T) or false (F).

Part I

◆ Dialogue I:

（1）The man wants to go to the library.　　　　（　）

（2）The library is on the left of the cafeteria.　　（　）

◆ Dialogue II:

（3）The cafeteria is very big.　　　　　　　　（　）

（4）The library is to the north of the cafeteria.　（　）

Part II

◆ Dialogue III:

（5）The woman lost her way.　　　　　　　　（　）

（6）Behind the woman is a store.　　　　　　　（　）

（7）The alley is on the right of the store.　　　（　）

（8）In front of the store is a road.　　　　　　（　）

2 听短文，用拼音填空。

Listen to the passages and fill in the blanks with *pinyin*.

（1）Sùshèlóu _____ shì tǐyùguǎn, tǐyùguǎn _____.

（2）_____ yǒu hěn duō hútòng, hútòng jiù shì _____, wǒ jiā jiù zài _____ hútòng li.

3 听录音，选择正确答案。

Listen and choose the correct answers.

（1）A. 食堂　　　B. 宿舍　　　C. 银行　　　D. 饭馆　　（　）

· 51

（2）A. 图书馆　　　B. 教学楼　　　C. 办公楼　　　D. 体育馆　　（　）

（3）A. 马路　　　　B. 街道　　　　C. 胡同　　　　D. 大街　　　（　）

（4）A. 后边　　　　B. 右边　　　　C. 左边　　　　D. 旁边　　　（　）

（5）A. 过马路　　　B. 别着急　　　C. 谢谢你　　　D. 等一下　　（　）

（6）A. 你家在哪儿？　　　　　　　C. 食堂在哪儿？　　　　　　　（　）
　　 B. 宿舍大不大？　　　　　　　D. 你在什么地方？

（7）A. 办公楼西边是教学楼。　　　C. 宿舍楼南边是教学楼。　　　（　）
　　 B. 办公楼东边是教学楼。　　　D. 宿舍楼北边是教学楼。

（8）A. 请问银行在哪儿？　　　　　C. 学校里边有银行吗？　　　　（　）
　　 B. 超市在校门右边。　　　　　D. 房间大不大？

（9）A. 等一下，你说什么？　　　　C. 你跟我来。　　　　　　　　（　）
　　 B. 什么叫"超市"？　　　　　　D. 我给你介绍一下。

4 任务或活动。
Task or activity.

Which five places do you think are the most important on campus? Mark their approximate locations in the blank space below based on the real situation and then tell the whole class about your choices to see if they are the same as everybody else's.

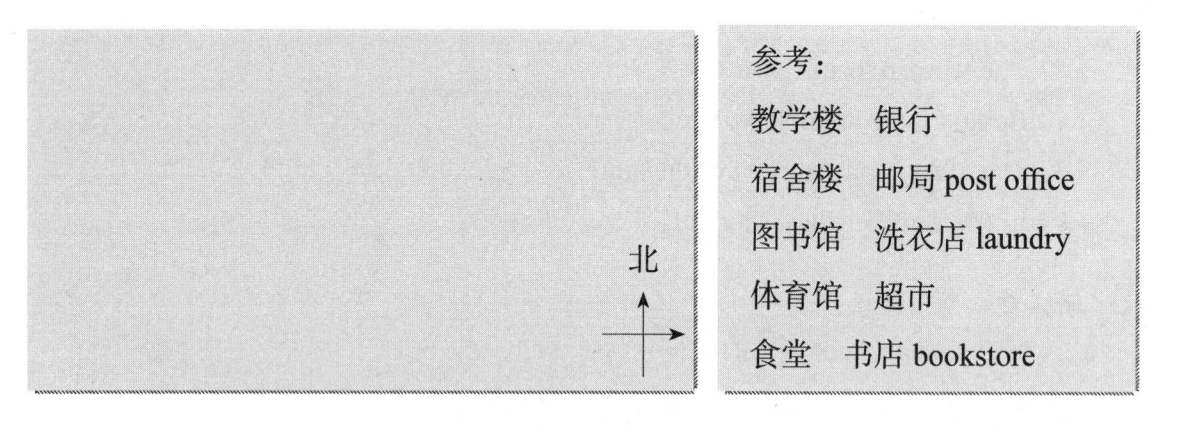

参考：

教学楼　银行

宿舍楼　邮局 post office

图书馆　洗衣店 laundry

体育馆　超市

食堂　　书店 bookstore

第6课　图书馆在食堂北边
Lesson 6　The library is to the north of the cafeteria

读写练习 Reading and Writing Exercises

1 语音练习。
Pronunciation drills.

Part I

◆ Write down the *pinyin* of the following words.

（1）食堂 _____　　（3）宿舍 _____

（2）图书馆 _____　　（4）办公楼 _____

Part II

◆ Choose the right *pinyin* for each word.

（5）着急　　A. zháojí　　B. zhejí

（6）地方　　A. defāng　　B. dìfang

（7）胡同　　A. hútóng　　B. hútòng

（8）教学　　A. jiāoxué　　B. jiàoxué

2 按正确的笔顺描汉字，并在后边的空格里写汉字。
Trace over the characters following the correct stroke order and then practice writing them in the blank boxes.

yòu	右	一ナオ右右	右 右	
zuǒ	左	一ナナ左左	左 左	
hòu	后	一厂厂斤后后	后 后	
lǐ	里	丨口日日甲里里	里 里	
xiān	先	丿卜㐃生失先	先 先	
qián	前	丶丷䒑产前前前前	前 前	

· 53

3 分析下列汉字的部件结构，并在后边的空格里临写。

Do a componential analysis of the structure of each character and then copy it in the blank boxes.

nǎ	哪	(口+那)	哪	哪							
lóu	楼	(木+娄)	楼	楼							
tú	图	(囗+冬)	图	图							
guǎn	馆	(饣+官)	馆	馆							
tǐ	体	(亻+本)	体	体							
lù	路	(𧾷+各)	路	路							
hú	胡	(古+月)	胡	胡							

4 给下列各组汉字注音，并把它们的部首写在括号中。

Write down the *pinyin* of the characters on the lines and the radicals of them in the brackets.

(1) A. 宿_____ B. 字_____ (　　)

(2) A. 图_____ B. 国_____ (　　)

(3) A. 边_____ B. 道_____ (　　)

(4) A. 饭_____ B. 馆_____ (　　)

(5) A. 朋_____ B. 胡_____ (　　)

5 选择正确的汉字填空。

Fill in the blanks with the correct characters.

(1) 图书馆在_____公楼旁边。(　　)
　　A. 为　　B. 办　　C. 力

(2) _____边的楼是宿舍楼。(　　)
　　A. 右　　B. 友　　C. 有

(3) 这儿有一_____胡同。(　　)
　　A. 条　　B. 支　　C. 本

(4) 请问，_____育馆在哪儿？(　　)
　　A. 休　　B. 本　　C. 体

(5) 你家_____边有商店吗？(　　)
　　A. 北　　B. 比　　C. 匕

第6课　图书馆在食堂北边
Lesson 6　The library is to the north of the cafeteria

6 连接 I 和 II 两部分的句子，组成对话。

Make dialogues by matching sentences on the left with those on the right.

I

① Qǐngwèn, túshūguǎn zài nǎr?
　请问，图书馆在哪儿？

② Nǐ xiànzài zài nǎr?
　你现在在哪儿？

③ Děng yíxià, nǐ shuō shénme?
　等一下，你说什么？

④ Shénme jiào "hútòng"?
　什么叫"胡同"？

⑤ Fànguǎn hòumian yǒu yí ge shūdiàn, duì ma?
　饭馆后面有一个书店，对吗？

II

A. Duì, nàge shūdiàn hěn dà.
　对，那个书店很大。

B. Jiù shì xiǎo jiēdào.
　就是小街道。

C. Wǒ shuō: "Nǐ zài zuò shénme ne?"
　我说："你在做什么呢？"

D. Túshūguǎn zài dōngmén pángbiān.
　图书馆在东门旁边。

E. Wǒ yě bù zhīdào wǒ zài nǎr.
　我也不知道我在哪儿。

7 对画线部分提问。

Ask questions about the underlined parts.

(1) Shítáng zài xiàomén yòubian.
　食堂在<u>校门右边</u>。　→ _____

(2) Túshūguǎn hěn dà.
　图书馆<u>很大</u>。　→ _____

(3) Wǒ zài yí ge chāoshì qiánbian.
　我在<u>一个超市前边</u>。　→ _____

(4) Wǒ duìmiàn yǒu yí ge hěn dà de fànguǎn.
　我对面有<u>一个很大的饭馆</u>。　→ _____

(5) "Xiǎo gūniang" jiù shì suìshu xiǎo de nǚháir.
　"小姑娘"就是<u>岁数小的女孩儿</u>。　→ _____

8 翻译。（不会写的汉字可以写拼音）

Translation. (Use *pinyin* for the characters you can't write.)

Part I

(1) Wǒ jiā jiù zài xuéxiào de běibian.
　我家就在学校的北边。

· 55

Yínháng pángbiān yǒu yí ge kāfēiguǎn.
(2) 银行 旁边 有 一个 咖啡馆。
_____

Jiàoxuélóu hòubian shì shítáng.
(3) 教学楼 后边 是 食堂。
_____

Chāoshì duìmiàn yǒu yì tiáo xiǎo hútòng.
(4) 超市 对面 有 一 条 小 胡同。
_____

Nǐ gěi wǒ jièshào yíxià, hǎo ma?
(5) 你 给 我 介绍 一下，好 吗？
_____

Part II

A big city as it is, Beijing is symmetrical on the east and west sides. For example, there are both Xizhimen and Dongzhimen, Xidan and Dongdan, and Xibianmen and Dongbianmen.

_____

_____

9 根据所给拼音，用括号里的词语组成句子。

Make sentences using the words in the brackets based on the *pinyin* given.

(1) Wǒ jiā duìmiàn yǒu yí ge dà chāoshì.（我家 超市 大 有 对面 一个）

_____

(2) Qǐngwèn shítáng zài nǎr?（食堂 哪儿 请问 在）

_____

(3) Nǐmen xiànzài zài nǎr?（现在 哪儿 你们 在）

_____

(4) Yínháng jiù zài dàxué de yòubian.（大学的 就 在 银行 右边）

_____

(5) Nǐ gěi wǒ jièshào yíxià, hǎo ma?（你 给 介绍 我 一下 好吗）

_____

(6) Mǎlù duìmiàn yǒu méi yǒu shāngdiàn?（对面 有 马路 没有 商店）

_____

10 找词语。
Seek and find.

Try to find as many words as possible from the following jumble of characters. Look horizontally, vertically and diagonally. Circle each word and copy it.

办	宿	舍	朋
公	司	友	听
楼	下	好	力

11 完成会话。
Complete the dialogues.

　　　　 Nǐ hǎo, qǐngwèn
A: 你好，请问 ＿＿＿＿＿＿＿＿＿＿＿＿＿＿？（Asking for directions）

　　　 Túshūguǎn zài jiàoxuélóu pángbiān. Nǐ shì xīn tóngxué ma?
B: 图书馆 在 教学楼 旁边。你是 新 同学 吗？

　　　 Shì a,　wǒ shàngwǔ　　　　　　　　　　　　　gāng
A: 是 啊，我 上午 ＿＿＿＿＿＿＿＿＿＿＿＿＿。（刚）

　　　 Nǐ yǒu méi yǒu xuéxiào de dìtú?
B: 你 有 没 有 学校 的 地图？

　　　 Yǒu, nǐ kěyǐ gěi wǒ　　　　　　　　　　　jièshào
A: 有，你 可以 给 我＿＿＿＿＿＿＿＿＿＿＿？（介绍）

　　　 Méi wèntí.　Nǐ kàn, wǒmen zài zhèr,　túshūguǎn zài zhèr.
B: 没 问题。你看，我们 在 这儿，图书馆 在 这儿。

　　　 Hǎo de.　Túshūguǎn dà bu dà? Wǒ xǐhuan kàn shū.
A: 好 的。图书馆 大 不 大？我 喜欢 看 书。

　　　　　　　　　　　　　　 nàr yǒu hěn duō shū.
B: ＿＿＿＿＿＿＿＿＿＿＿＿＿，那儿 有 很 多 书。

　　　 Tài hǎo le, wǒ　　　　　　　　　xiān Xièxie nǐ!
A: 太 好 了，我＿＿＿＿＿＿＿＿＿＿。（先）谢谢 你！

　　　　　　　　　　　 zàijiàn!
B: ＿＿＿＿＿＿＿＿＿＿，再见！

　　　 Zàijiàn!
A: 再见！

新实用汉语课本（第3版）综合练习册 1
New Practical Chinese Reader (3rd Edition) Workbook 1

12 根据所给汉字或拼音填空，注意句子的组合规则。

Write the correct characters or *pinyin* on the lines below. Pay attention to the syntactic rules.

（1）

① 学校
　_____

② _____ ____ 学校
　wǒmen　de

③ _____ ____ 学校 _____
　wǒmen　de　　　pángbiān

④ _____ ____ 学校 _____ _____ _____ _____ _____ 。
　Wǒmen　de　　　pángbiān　yǒu　yí ge　dà chāoshì.

（2）

① 楼
　_____

② _____ ____ 楼
　yòubian　de

③ _____ ____ 楼 ____ 宿舍楼。
　Yòubian　de　　　shì　_____.

④ _____ ____ 楼 ____ _____ ____ 宿舍楼。
　Yòubian　de　　　shì　xīn tóngxué　de　_____.

13 阅读理解。

Reading comprehension.

Read the passage and answer the questions.

Zài Zhōngguó, rénmen jiào yí ge bān huò　　yí ge xuéxiào de rén "tóngxué". Zài
在 中国，人们 叫一个 班 或（or）一个 学校 的人"同学"。在
xuéxiào li kàndào xuésheng, bú rènshi méi guānxi, kěyǐ jiào tā/tā "tóngxué". Gōngzuò
学校 里 看到 学生，不认识 没关系，可以 叫他/她"同学"。工作
de rén, jiào yìqǐ gōngzuò de péngyou míngzi, huòzhě xìng hé zhíwù,
的人，叫一起 工作 的 朋友 名字，或者 姓 和 职务（job; position），
bǐrú　　　　　"Wáng xiàozhǎng"　　　　　"Lǐ jīnglǐ"　　　　　"Bái
比如（for example）"王 校长（headmaster）""李 经理（manager）""白
lǎoshī".
老师"。

58

第 6 课　图书馆在食堂北边

Lesson 6　The library is to the north of the cafeteria

① Yí ge rén xìng Wáng, gōngzuò de dìfang shì yīyuàn, yīnggāi jiào tā shénme?
　一个 人 姓　王，　工作 的 地方 是 医院，应该　叫 他　什么？

② Rénmen jiào tā "Bái lǎoshī", tā gōngzuò de dìfang chángcháng shì nǎr?
　人们　叫 他"白 老师"，他 工作 的 地方　常常　是 哪儿？

14 写作练习。

Writing practice.

This weekend, you will hold a party for your class at your place. Draw a sketch map and describe the specific location of your place below the map using the sentence patterns you've learned in this lesson. (Use *pinyin* for the characters you can't write.)

北
→

_____

_____

_____

7

Píngguǒ duōshao qián yì jīn
苹果多少钱一斤
How much is half a kilo of apples

听说练习 Listening and Speaking Exercises

1 听对话，判断正误。 07-1
Listen to the dialogues and decide whether the statements are true (T) or false (F).

Part I

◆ Dialogue I:

（1）The strawberries are not expensive. （   ）

（2）The strawberries can be three *kuai* cheaper. （   ）

Part II

◆ Dialogue II:

（3）There is no discount on the clothes at the moment. （   ）

（4）Cards are not accepted. （   ）

◆ Dialogue III:

（5）There is no large-size shirt. （   ）

（6）The second shirt is 148 *kuai*. （   ）

◆ Dialogue IV:

（7）The down jacket is 1,510 *kuai*. （   ）

（8）The total price of the clothes is 2,189 *kuai*. （   ）

◆ Dialogue V:

（9）The man wants to buy a shirt. （   ）

（10）There are no black jeans. （   ）

2 听短文，用拼音填空。 07-2
Listen to the passages and fill in the blanks with *pinyin*.

（1）Lín Nà _____ shìchǎng mǎi shuǐguǒ. Tā xiǎng mǎi hěn duō _____, yǒu xiāngjiāo、píngguǒ、_____, hái yǒu pútao. Lǎobǎn hěn hǎo, shuō kěyǐ _____ Lín Nà dǎ_____.

· 61

（2）Sòng Huá qù shāngchǎng mǎi yīfu. Tā xiǎng mǎi yí _____ zhōnghào de chènshān, zhōnghào de chènshān _____ . Tā shuō zài shì yí jiàn _____ de chènshān. Xiǎohào de chènshān hěn _____ , yě hěn piàoliang.

3 听录音，选择正确答案。 07-3
Listen and choose the correct answers.

（1）A. 一点　　　　　B. 一点儿　　　　C. 点儿　　　　（　）
（2）A. 这么　　　　　B. 怎么　　　　　C. 怎么样　　　（　）
（3）A. 四斤　　　　　B. 十斤　　　　　C. 二斤　　　　（　）
（4）A. 买　　　　　　B. 吗　　　　　　C. 卖　　　　　（　）
（5）A. 苹果可以打折　B. 苹果打八折　　C. 苹果不打折　（　）
（6）A. 大号的衬衫　　B. 中号的衬衫　　C. 大号的衣服　（　）
（7）A. 没问　　　　　B. 没问题　　　　C. 没关系　　　（　）

4 任务或活动。
Task or activity.

Part I

Go to a Chinese store and find 3-5 items that you don't know how to say in Chinese. Ask the shopkeeper their Chinese names and prices, and write them down. Complete the table below.

Chinese name	Price

Part II

Go to buy something and try to bargain with the seller. Make a recording of the process and show it to the whole class.

第7课 苹果多少钱一斤
Lesson 7 How much is half a kilo of apples

读写练习 Reading and Writing Exercises

1 语音练习。
Pronunciation drills.

Part I

◆ Write down the *pinyin* of the following words.

(1) 哪里 _____   (3) 可以 _____

(2) 怎么 _____   (4) 找钱 _____

Part II

◆ Choose the right *pinyin* for each word.

(5) 便宜   A. biànyi   B. piányi

(6) 合适   A. héshì   B. hésì

(7) 打折   A. dǎshé   B. dǎzhé

(8) 不错   A. búcuò   B. bùcuò

(9) 2000   A. èrqiān   B. liǎngqiān

2 按正确的笔顺描汉字，并在后边的空格里写汉字。
Trace over the characters following the correct stroke order and then practice writing them in the blank boxes.

pinyin	字	笔顺	练习
jīn	斤	ノ 厂 斤 斤	斤 斤
mǎi	买	一 ニ ニ 买 买	买 买
kuài	块	一 十 土 圠 坍 块	块 块
kǎ	卡	丨 上 上 卡 卡	卡 卡
qián	钱	ノ 𠂆 𠂇 乍 钅 钅 钅 钱 钱 钱	钱 钱
qiān	千	ノ 二 千	千 千

· 63

新实用汉语课本（第3版）综合练习册1
New Practical Chinese Reader (3rd Edition) Workbook 1

3 分析下列汉字的部件结构，并在后边的空格里临写。

Do a componential analysis of the structure of each character and then copy it in the blank boxes.

jià	价	（亻+介）	价 价
shì	试	（讠+式）	试 试
xiǎng	想	（相+心）	想 想
shì	适	（舌+辶）	适 适
yuán	员	（口+贝）	员 员
bǎi	百	（一+白）	百 百

4 给下列各组汉字注音，并把它们的部首写在括号中。

Write down the *pinyin* of the characters on the lines and the radicals of them in the brackets.

（1）A. 喝_____ B. 吃_____ C. 啡_____ D. 唱_____ （　）

（2）A. 绒_____ B. 红_____ C. 绿_____ D. 练_____ （　）

（3）A. 钱_____ B. 银_____ C. 错_____ D. 钢_____ （　）

（4）A. 饿_____ B. 馆_____ C. 饭_____ D. 饺_____ （　）

（5）A. 没_____ B. 汉_____ C. 法_____ D. 海_____ （　）

（6）A. 这_____ B. 过_____ C. 道_____ D. 边_____ （　）

5 选择正确的汉字填空。

Fill in the blanks with the correct characters.

（1）草莓_____么卖？（　　）
　　A. 想　　B. 怎　　C. 急

（2）我_____你十块。（　　）
　　A. 给　　B. 恰　　C. 洽

（3）便_____一点儿吧。（　　）
　　A. 审　　B. 宜　　C. 宣

（4）这件大号的衣服很_____适。（　　）
　　A. 介　　B. 和　　C. 合

（5）这件衬衫不_____。（　　）
　　A. 借　　B. 错　　C. 措

（6）您看那_____绿色的可以吗？（　　）
　　A. 牛　　B. 件　　C. 价

（7）太_____了！（　　）
　　A. 员　　B. 贵　　C. 货

64

第 7 课　苹果多少钱一斤
Lesson 7　How much is half a kilo of apples

6　连接 I 和 II 两部分的词语，组成句子。
Make sentences by matching words/phrases on the left with those on the right.

Part I

I
① Zhège Hànyǔ 这个 汉语
② Sòng nín 送 您
③ Wǒmen xuéxiào yǒu 我们 学校 有
④ Wǒ xiǎng mǎi diǎnr 我 想 买点儿

II
A. cǎoméi. 草莓。
B. zěnme shuō? 怎么 说？
C. yínháng. 银行。
D. yí ge lǐwù. 一个 礼物。

Part II

I
⑤ Zhè jiàn chènshān hěn xiǎo, 这 件 衬衫 很 小，
⑥ Zhè jiàn chènshān 这 件 衬衫
⑦ Nín zài shì 您 再 试

II
E. yǒu dàhào de ma? 有 大号 的 吗？
F. yíxià zhè jiàn ba. 一下 这 件 吧。
G. duōshao qián? 多少 钱？

7　对画线部分提问。
Ask questions about the underlined parts.

（1）Yǔróngfú jiǔbǎi bāshíwǔ yí jiàn.
　　 羽绒服 <u>九百 八十五</u> 一件。　　→ _____

（2）Wǒ xiǎng mǎi liǎng jīn cǎoméi.
　　 我 想 买 <u>两斤 草莓</u>。　　→ _____

（3）Xiànzài bù kěyǐ guò mǎlù.
　　 现在 <u>不可以</u> 过 马路。　　→ _____

（4）Wǒ sòng wǒ gēge yí ge dà dàngāo.
　　 我 送 我 哥哥 <u>一个 大 蛋糕</u>。　　→ _____

（5）Dīng Lìbō gěi lǎobǎn wǔshí kuài qián.
　　 丁 力波 给 老板 <u>五十 块 钱</u>。　　→ _____

· 65

8 翻译。(不会写的汉字可以写拼音)

Translation. (Use *pinyin* for the characters you can't write.)

Part I

Zhōumò, wǒ qù shìchǎng mǎi shuǐguǒ. Wǒ xiǎng mǎi diǎnr cǎoméi. Cǎoméi shí'èr kuài yì jīn, wǒ mǎi liǎng jīn, lǎobǎn shuō kěyǐ gěi wǒ dǎ jiǔ zhé, wǒ hěn gāoxìng.
周末，我去 市场 买 水果。我 想 买 点儿草莓。草莓 十二 块 一 斤，我买 两 斤，老板 说 可以 给 我 打 九 折，我 很 高兴。

Part II

(1) This black shirt is becoming.

(2) I want to buy some fruit.

(3) Excuse me, how do we say this in Chinese?

(4) Could you lower the price a bit?

9 根据所给拼音，用括号里的词语组成句子。

Make sentences using the words in the brackets based on the *pinyin* given.

(1) Kěyǐ piányi yìdiǎnr ma?（便宜 吗 一点儿 可以）

(2) Lín Nà xiǎng qù lǎo Běijīng de hútòng.（想 老北京 胡同 林娜 的 去）

(3) Nín kěyǐ gěi wǒ jièshào yíxià ma?（可以 您 一下 我 吗 给 介绍）

(4) Zhè jiàn chènshān tài xiǎo, yǒu dàhào de ma?（衬衫 大号 太 吗 这件 的 有 小）

(5) Nǎli, wǒ de Hànyǔ bú tài hǎo.（哪里 汉语 太 好 我 的 不）

66

（6）Zhèxiē yīfu yígòng duōshao qián?（这些 钱 多少 衣服 一共）

_____

10 找词语。
Seek and find.

Try to find as many words as possible from the following jumble of characters. Look horizontally, vertically and diagonally. Circle each word and copy it.

大	学	市	场
号	生	日	本
便	宜	合	子
一	斤	适	时

11 完成会话。
Complete the dialogues.

Part I

(1) A: _____?
　　　Méi wèntí, míngtiān wǒ néng lái.
　 B: 没 问题，明天 我 能 来。

(2)（Asking about prices）

　 A: _____?
　　　Píngguǒ shí kuài qián yì jīn.
　 B: 苹果 十 块 钱 一 斤。

(3) A: _____?
　　　Wǒ xiǎng mǎi diǎnr cǎoméi.
　 B: 我 想 买 点儿 草莓。

(4)（Encountering a language problem and asking for help）

　 A: _____?
　　　Zhè jiào "yīngtao".
　 B: 这 叫 "樱桃"。

Part II

　　　Kěyǐ dǎzhé ma?
(5) A: 可以 打折 吗?
　　　Bù hǎoyìsi,
　 B: 不 好意思，_____

　　　_____。

　　　Kěyǐ shuākǎ ma?
　 A: 可以 刷卡 吗?
　　　Méi
　 B: 没_____。

(6)（Settling a bill）

　 A: _____?
　　　Yígòng liùshíliù kuài.
　 B: 一共 六十六 块。

新实用汉语课本（第3版）综合练习册1
New Practical Chinese Reader (3rd Edition) Workbook 1

12 根据所给汉字或拼音填空，注意句子的组合规则。
Write the correct characters or *pinyin* on the lines below. Pay attention to the syntactic rules.

（1）衬衫
　　_____

（2）_____ 衬衫
　　yí jiàn _____

（3）_____ _____ _____ 衬衫
　　yí jiàn dàhào de _____

（4）_____ _____ _____ _____ _____ _____ 衬衫。
　　Wǒ xiǎng mǎi yí jiàn dàhào de _____.

13 阅读理解。
Reading comprehension.

Part I

（1）Read the passage and answer the questions.

Zhōumò, Dàwèi qù shìchǎng mǎi shuǐguǒ. Tā xiǎng mǎi wǔ ge píngguǒ、yì jīn
周末，大卫去市场买水果。他想买五个苹果、一斤
cǎoméi hé liǎng jīn xiāngjiāo, yígòng èrshí kuài. Zhōumò shìchǎng li dǎzhé, mǎi shí
草莓和两斤香蕉，一共二十块。周末市场里打折，买十
kuài qián shuǐguǒ kěyǐ sòng yí ge píngguǒ, suǒyǐ shìchǎng li rén hěn duō.
块钱水果可以送一个苹果，所以市场里人很多。

Dàwèi shénme shíhou qù mǎi shuǐguǒ?　　　Dàwèi xiǎng mǎi shénme shuǐguǒ?
①大卫什么时候去买水果？　　　③大卫想买什么水果？

Dàwèi qù nǎr mǎi shuǐguǒ?　　　Dàwèi yígòng kěyǐ yǒu jǐ ge píngguǒ?
②大卫去哪儿买水果？　　　④大卫一共可以有几个苹果？

Part II

（2）Read the passage and decide whether the statements are true or false.

Zài Zhōngguó, nǚxié　　　zuì　　　 dà de hào shì 39 hào huò　　40
在中国，女鞋(shoes)最(the most)大的号是39号或(or)40
hào, hěn duō wàiguó　　　nǚhái'r xiǎng mǎi 41 hào huò 42 hào de xié, suǒyǐ tāmen
号，很多外国(foreign)女孩儿想买41号或42号的鞋，所以她们

68

第 7 课　苹果多少钱一斤
Lesson 7　How much is half a kilo of apples

zài Zhōngguó hěn nán mǎidào héshì de xié. Tóngyàng, Zhōngguó nǚháir zài
在 中国 很 难 买到 合适 的 鞋。同样（same），中国 女孩儿 在
guówài hěn duō guójiā yě hěn nán mǎidào héshì de xié, hěn duō guówài de yīfu hé xié
国外 很 多 国家 也 很 难 买到 合适 的 鞋，很 多 国外 的 衣服 和 鞋
dōu tài dà le. Zài Běijīng, hěn duō wàiguó nǚháir qù Sānlǐtún
都 太 大 了。在 北京，很 多 外国 女孩儿 去 三里屯（a fashion center in
　　　　　huò Yǎbǎo Lù　　　　　　　　　　　　　mǎi yīfu hé xié, nàr yǒu hěn
Beijing）或 雅宝 路（a business street in Beijing）买 衣服 和 鞋，那儿 有 很
duō wàiguó xiédiàn hé fúzhuāngdiàn.
多 外国 鞋店 和 服装店。

　　Zhōngguó de nǚxié hàomǎ xiǎo, suǒyǐ duì hěn duō wàiguó nǚháir bú tài héshì.
① 中国 的 女鞋 号码 小，所以 对 很 多 外国 女孩儿 不 太 合适。（　）

　　Wàiguó de nǚxié hàomǎ dà, suǒyǐ Zhōngguó nǚháir kěyǐ mǎidào héshì de xié.
② 外国 的 女鞋 号码 大，所以 中国 女孩儿 可以 买到 合适 的 鞋。（　）

　　Zhōngguó nǚháir hěn nán mǎidào 40 hào de xié.
③ 中国 女孩儿 很 难 买到 40 号 的 鞋。　　　　　　　　　　　（　）

　　Wàiguórén hěn xǐhuan Sānlǐtún hé Yǎbǎo Lù.
④ 外国人 很 喜欢 三里屯 和 雅宝 路。　　　　　　　　　　　（　）

（3）Look at the pictures and answer the questions.

　　Zhè shì shénme shuǐguǒ?
① 这 是 什么 水果？

　　"Mǎi yī sòng èr" shì shénme yìsi?
②"买 一 送 二"是 什么 意思？

　　8.00 yuán kěyǐ mǎi jǐ jīn?
③ 8.00 元 可以 买 几 斤？

　　Shénme shíhou kěyǐ cānjiā zhège huódòng?
④ 什么 时候 可以 参加 这个 活动？

　　Chá cídiǎn, liǎojiě "fēng le" de yìsi. Zhège guǎnggào li wèi shénme shuō "fēng le"?
⑤ 查 词典，了解"疯 了"的 意思。这个 广告 里 为 什么 说"疯 了"？

· 69 ·

（4）Read the following advertisement and find out the prices of the following items.

0861　¥3.2	0862　¥3.1	0824　¥8.9	0827　¥1.4
蒙牛纯牛奶　250ml/盒	伊利高钙奶　250ml/盒	白玉黑豆豆浆　330ml/瓶	蒙牛酸牛奶　100g/杯
一级　积分：2	一级　积分：2	一级　积分：3	一级　积分：2
0828　¥7.3	0822　¥2.4	0821　¥3.0	0855　¥3.9
蒙牛大果粒酸牛奶　260g/盒	三元原味酸牛奶　200g/袋	三元纯牛奶　250ml/盒	光明益生菌酸牛奶　190g/盒
一级　积分：2	一级　积分：2	一级　积分：3	一级　积分：3

Item 0862：_____　　Item 0821：_____

Item 0855：_____　　Item 0824：_____

Item 0861：_____　　Item 0827：_____

（5）Read the following clipping from a Chinese magazine and fill in the blanks.

① The name of this Chinese magazine:
_____

② The price of this magazine:
_____

③ The date this magazine was issued:
_____

14 写作练习。
Writing practice.

Based on the prompts given, write a short essay to introduce one of your special shopping experiences. (Use *pinyin* for the characters you can't write.)

(1) 时间（shíjiān）（When）：_____

(2) 地点（dìdiǎn）（Where）：_____

(3) 人物（rénwù）（Who）：_____

(4) 买了 什么（mǎile shénme）（What items bought）：_____

(5) 为 什么 特别（wèi shénme tèbié）（Why special）：_____

8 Wǒ quánshēn dōu bù shūfu
我全身都不舒服
I am not feeling well at all

听说练习 Listening and Speaking Exercises

1 听对话，判断正误。 08-1
Listen to the dialogues and decide whether the statements are true (T) or false (F).

Part I

◆ Dialogue I:

（1）Xiaoyun didn't get a cold. (　　)

（2）Xiaoyun didn't go to class today. (　　)

Part II

◆ Dialogue II:

（3）The woman is having a stomachache. (　　)

（4）The man wouldn't accompany her to the hospital. (　　)

◆ Dialogue III:

（5）One who has a headache or sore throat should register for the department of surgery. (　　)

（6）The department of internal medicine is on the second floor. (　　)

◆ Dialogue IV:

（7）There is nothing the matter with the woman. (　　)

（8）The woman can't take Chinese medicine. (　　)

◆ Dialogue V:

（9）The department of surgery is on the third floor. (　　)

（10）The man is ill and going to see a doctor in the department of surgery. (　　)

2 听短文，用拼音填空。 08-2
Listen to the passages and fill in the blanks with *pinyin*.

（1）Wǒ _____ zǎoshang _____ dōu qù yùndòng. Kěshì, jīntiān wǒ bā diǎn _____ qǐchuáng, yīnwèi wǒ tóu hěn _____, sǎngzi yě bù _____.

· 73

（2）Xiǎo Dīng _____ wǒ yìqǐ qù yīyuàn, tā _____ wǒ _____, yòu gēn wǒ yìqǐ _____ kàn yīshēng.

（3）Wǒ jīntiān _____ qù shàngkè, wǒ _____ dōu bù shūfu. Péngyou gēn wǒ _____ yīyuàn _____ yīshēng, yīshēng shuō xiān _____ yíxià tǐwēn, _____, yòu shuō zài kàn _____ sǎngzi. Tā shuō wǒ de sǎngzi yǒudiǎnr _____, yào zài _____.

（4）Yīshēng shuō wǒ yào duō _____, duō hē shuǐ, _____ chī diǎnr _____, xià Xīngqīwǔ _____ lái.

3 听录音，选择正确答案。 08-3
Listen and choose the correct answers.

（1）A. 头疼　　　B. 看病　　　C. 舒服　　（　　）
（2）A. 太夫　　　B. 大天　　　C. 大夫　　（　　）
（3）A. 发烧　　　B. 发火　　　C. 发炎　　（　　）
（4）A. 一点儿　　B. 有一点儿　C. 有点儿　（　　）
（5）A. 可是　　　B. 还是　　　C. 总是　　（　　）
（6）A. 不舒服　　B. 很不舒服　C. 不太舒服（　　）

4 任务或活动。
Task or activity.

Pair activity: Rearrange the doctor's words below based on your experiences of seeing a doctor and then act the scene out with your partner.

（1）你要吃点儿中药。
　　　Nǐ yào chī diǎnr zhōngyào.

（2）你哪儿不舒服？
　　　Nǐ nǎr bù shūfu?

（3）还要多喝水，多休息。
　　　Hái yào duō hē shuǐ, duō xiūxi.

（4）我看一下嗓子。
　　　Wǒ kàn yíxià sǎngzi.

（5）你这是感冒，别担心（don't worry）。
　　　Nǐ zhè shì gǎnmào, bié dānxīn.

第 8 课　我全身都不舒服
Lesson 8　I am not feeling well at all

读写练习 Reading and Writing Exercises

1 语音练习。
Pronunciation drills.

Part I

◆ Write down the *pinyin* of the following words.

（1）舒服 _____　　（3）运动 _____

（2）上课 _____　　（4）看病 _____

Part II

◆ Choose the right *pinyin* for each word.

（5）休息　　A. xiūxi　　　B. xiāoxī　　　C. xiūxī

（6）睡觉　　A. suìjiào　　B. shuìjiào　　C. shuìjué

（7）起床　　A. qíchuáng　B. qǐchuǎng　　C. qǐchuáng

（8）中药　　A. zhōngyào　B. zōngyào　　C. zhōnghào

（9）大夫　　A. dàifū　　　B. dàifu　　　C. tàifu

（10）挂号　　A. kuàhào　　B. guàhào　　C. guàháo

2 按正确的笔顺描汉字，并在后边的空格里写汉字。
Trace over the characters following the correct stroke order and then practice writing them in the blank boxes.

shuǐ	水	丨 丿 水 水	水 水
guà	挂	一 十 扌 扌 扫 拌 挂 挂	挂 挂
xiě	血	丿 亠 白 血 血	血 血
yào	药	一 十 艹 艹 苈 艻 药 药	药 药
fā	发	一 ナ 步 发 发	发 发
lěng	冷	丶 冫 冫 冹 冷 冷	冷 冷

3 分析下列汉字的部件结构，并在后边的空格里临写。

Do a componential analysis of the structure of each character and then copy it in the blank boxes.

sǎng	嗓	（口 + 桑）	嗓	嗓					
shū	舒	（舍 + 予）	舒	舒					
bìng	病	（疒 + 丙）	病	病					
tǐ	体	（亻+ 本）	体	体					
yán	炎	（火 + 火）	炎	炎					
xiū	休	（亻+ 木）	休	休					

4 给下列各组汉字注音，并把它们的部首写在括号中。

Write down the *pinyin* of the characters on the lines and the radicals of them in the brackets.

（1）A. 校_____ B. 树_____ C. 林_____ D. 样_____ （   ）

（2）A. 体_____ B. 们_____ C. 他_____ D. 件_____ （   ）

（3）A. 谁_____ B. 说_____ C. 语_____ D. 认_____ （   ）

（4）A. 穿_____ B. 家_____ C. 宿_____ D. 字_____ （   ）

（5）A. 药_____ B. 草_____ C. 莓_____ D. 苹_____ （   ）

5 选择正确的汉字填空。

Fill in the blanks with the correct characters.

（1）我 _____ 身都不舒服。（   ）
　　A. 合　　B. 全　　C. 会

（2）今天天气很冷，你要 _____ 穿点儿衣服。（   ）
　　A. 少　　B. 不　　C. 多

（3）我嗓子有点儿 _____ 。（   ）
　　A. 疼　　B. 病　　C. 症

（4）先 _____ 一下体温吧。（   ）
　　A. 量　　B. 凉　　C. 良

（5）我 _____ 天都去锻炼身体。（   ）
　　A. 没　　B. 每　　C. 妹

（6）我 _____ 你一起去医院吧。（   ）
　　A. 跟　　B. 根　　C. 很

第 8 课　我全身都不舒服
Lesson 8　I am not feeling well at all

6　连接Ⅰ和Ⅱ两部分的词语，组成句子。
Make sentences by matching words/phrases on the left with those on the right.

Ⅰ	Ⅱ
① Nèikē 内科	A. yǒudiǎnr fāyán. 有点儿发炎。
② Wǒ kěyǐ chī 我可以吃	B. tǐwēn ba. 体温吧。
③ Tā měi tiān zǎoshang 他每天早上	C. gěi nǐ guàhào. 给你挂号。
④ Wǒ qù 我去	D. dōu qù yùndòng. 都去运动。
⑤ Xiān liáng yíxià 先量一下	E. zhōngyào. 中药。
⑥ Nǐ de sǎngzi 你的嗓子	F. zài èr céng. 在二层。

7　对画线部分提问。
Ask questions about the underlined parts.

(1) Mǎ Dàwéi quánshēn dōu bù shūfu.
　　马 大为 <u>全身</u> 都 不 舒服。　→ _____

(2) Nèikē zài yī céng.
　　内科 在 <u>一 层</u>。　→ _____（háishi 还是）

(3) Mǎ Dàwéi xiǎng qù yīyuàn kànbìng.
　　马 大为 想 <u>去 医院 看病</u>。　→ _____

(4) Mǎ Dàwéi búyòng yànxiě.
　　马 大为 <u>不用</u> 验血。　→ _____

(5) Chén dàifu zài xuéxiào yīyuàn gōngzuò.
　　陈 大夫 在 <u>学校 医院</u> 工作。　→ _____

8　翻译。（不会写的汉字可以写拼音）
Translation. (Use *pinyin* for the characters you can't write.)

Part I

(1) Nǐ yīnggāi duō chuān diǎnr yīfu.
　　你 应该 多 穿 点儿 衣服。

_____

(2) Duō hē shuǐ, duō xiūxi.
多 喝 水，多 休息。

_____

(3) Nǐ xiān chī diǎnr zhōngyào, xià Xīngqīyī zài lái.
你 先 吃 点儿 中药，下 星期一 再 来。

_____

(4) Wǒ xiǎng qǐchuáng, kěshì wǒ hěn bù shūfu.
我 想 起床，可是 我 很 不 舒服。

_____

(5) Nǐ bú qù yīyuàn, míngtiān hái bù néng shàngkè.
你 不 去 医院，明天 还 不 能 上课。

_____

Part II

Yesterday Lin Na felt unwell. She had a headache and a fever and coughed a little bit. I accompanied her to the hospital. The doctor said she had a slight cold and should take some Chinese medicine, drink more water and have more rest.

_____

_____

9 根据所给拼音，用括号里的词语组成句子。

Make sentences using the words in the brackets based on the *pinyin* given.

(1) Jīntiān nǐ wèi shénme jiǔ diǎn hái bù qǐchuáng?（你 还 起床 今天 为什么 九点 不）

_____

(2) Wǒ qù gěi nǐ guàhào.（挂号 去 给 你 我）

_____

(3) Dàifu shuō kěyǐ xiān chī yìdiǎnr zhōngyào.（可以 中药 一点儿 大夫 吃 先 说）

_____

(4) Xiān liáng yíxià tǐwēn ba.（一下 量 先 吧 体温）

_____

(5) Nǐ de sǎngzi yǒudiǎnr fāyán.（的 嗓子 发炎 你 有点儿）

· 78 ·

第 8 课　我全身都不舒服
Lesson 8　I am not feeling well at all

（6）Tiānqì hěn lěng, nǐ yào duō chuān diǎnr yīfu.（天气　你　多　冷　要　点儿　衣服　很　穿）

_____

10　找词语。
Seek and find.

Try to find as many words as possible from the following jumble of characters. Look horizontally, vertically and diagonally. Circle each word and copy it.

内	科	感	冒
外	室	牙	疼
大	家	医	院
夫	丈	生	日

11　完成会话。
Complete the dialogues.

Part I

（1）A：你去哪儿？ (Nǐ qù nǎr?)

　　B：_____。（医院 yīyuàn）

（2）(Asking about the reason)

　　A：你今天为什么没来上课？ (Nǐ jīntiān wèi shénme méi lái shàngkè?)

　　B：_____。（头疼 tóu téng）

Part II

（3）(Asking about one's health)

　　A：你哪儿不舒服？ (Nǐ nǎr bù shūfu?)

　　B：_____。（嗓子 sǎngzi）

（4）A：_____？

　　B：可以，听说中药不错。(Kěyǐ, tīngshuō zhōngyào búcuò.)

（5）A：_____？

　　B：内科在二层，不在三层。(Nèikē zài èr céng, bú zài sān céng.)

（6）(Registering in a hospital)

　　A：_____？

　　B：头疼应该挂内科。(Tóu téng yīnggāi guà nèikē.)

12 根据所给汉字或拼音填空，注意句子的组合规则。

Write the correct characters or *pinyin* on the lines below. Pay attention to the syntactic rules.

（1）水

（2）____ 水
　　 hē ____

（3）____ ____ 水
　　 hē　diǎnr ____

（4）____ ____ ____ ____ ____ 水。
　　 Nǐ　yào　duō　hē　diǎnr ____.

13 阅读理解。

Reading comprehension.

Part I

（1）Read the passage and answer the questions.

Zuótiān wǎnshang wǒ gēn péngyou qù chī huǒguō,　huǒguō tèbié là,
昨天　晚上　我　跟　朋友　去　吃　火锅（hot pot），火锅　特别　辣
　　　　wǒ hēle hěn duō lěngshuǐ. Jīntiān zǎoshang wǒ dùzi fēicháng bù
(hot; spicy)，我　喝了　很　多　冷水。今天　早上　我　肚子　非常　不
shūfu, hěn téng, lā dùzi, hái yǒudiǎnr fāshāo. Zhōngguó péngyou shuō wǒ kěnéng
舒服，很　疼，拉　肚子，还　有点儿　发烧。中国　朋友　说　我　可能
shì chángwèiyán,　　　　　yào gēn wǒ yìqǐ qù yīyuàn kànbìng.
是　肠胃炎（enterogastritis），要　跟　我　一起　去　医院　看病。

　　 Huǒguō zěnmeyàng?
① 火锅　怎么样？

　　 "Wǒ" hē de shì kāishuǐ　　　　　　háishi lěngshuǐ?
② "我"　喝　的　是　开水（boiled water; hot water）还是　冷水？

　　 Jīntiān zǎoshang "wǒ" nǎr bù shūfu?
③ 今天　早上　"我"　哪儿　不　舒服？

　　 Péngyou yào gēn "wǒ" yìqǐ zuò shénme?
④ 朋友　要　跟　"我"　一起　做　什么？

第 8 课　我全身都不舒服

Lesson 8　I am not feeling well at all

Part II

（2）Read the passage and decide whether the statements are true or false.

Běijīng de dà yīyuàn li yǒu quán guó hěn duō dìfang de bìngrén, guàhào hěn bù
北京 的 大 医院 里 有 全 国 很 多 地方 的 病人， 挂号 很 不
róngyì.　Nàr yě chángcháng yǒu hěn duō "huángniú",　　　　　tāmen bāng
容易。那儿 也 常常 有 很 多 "黄牛"（ticket scalper），他们 帮（to
biérén guàhào, kěshì yào hěn duō de qián. Zuìjìn yǒule　　　xīn de guàhào
help）别人 挂号，可是 要 很 多 的 钱。最近 有了（to have）新 的 挂号
fāngfǎ,　　　 bǐrú　　　　diànhuà　　　　guàhào、shàngwǎng
方法（method），比如（for example）电话（telephone）挂号、 上网 （to go
　　　　　　 guàhào、yínhángkǎ guàhào. Bìngrén kànbìng hěn fāngbiàn,
on the Internet）挂号、银行卡 挂号。 病人 看病 很 方便 （convenient），
tāmen bú zài yào "huángniú" guàhào le.
他们 不再 要 "黄牛" 挂号 了。

　　 Běijīng de měi ge yīyuàn li rén dōu hěn duō.
① 北京 的 每 个 医院 里 人 都 很 多。　　　　　　　　（　）

　　 "Huángniú" de gōngzuò shì bāng biérén guàhào, dàn bú yào qián.
② "黄牛" 的 工作 是 帮 别人 挂号，但 不 要 钱。　　（　）

　　 Xiànzài kěyǐ qù yínháng guàhào.
③ 现在 可以 去 银行 挂号。　　　　　　　　　　　　　（　）

　　 Běijīng de dà yīyuàn xiànzài "huángniú" hěn shǎo le.
④ 北京 的 大 医院 现在 "黄牛" 很 少 了。　　　　　（　）

（3）Look at the pictures and fill in the blanks.

Put the following medicines and therapies into the two categories, traditional Chinese medicine and Western medicine.

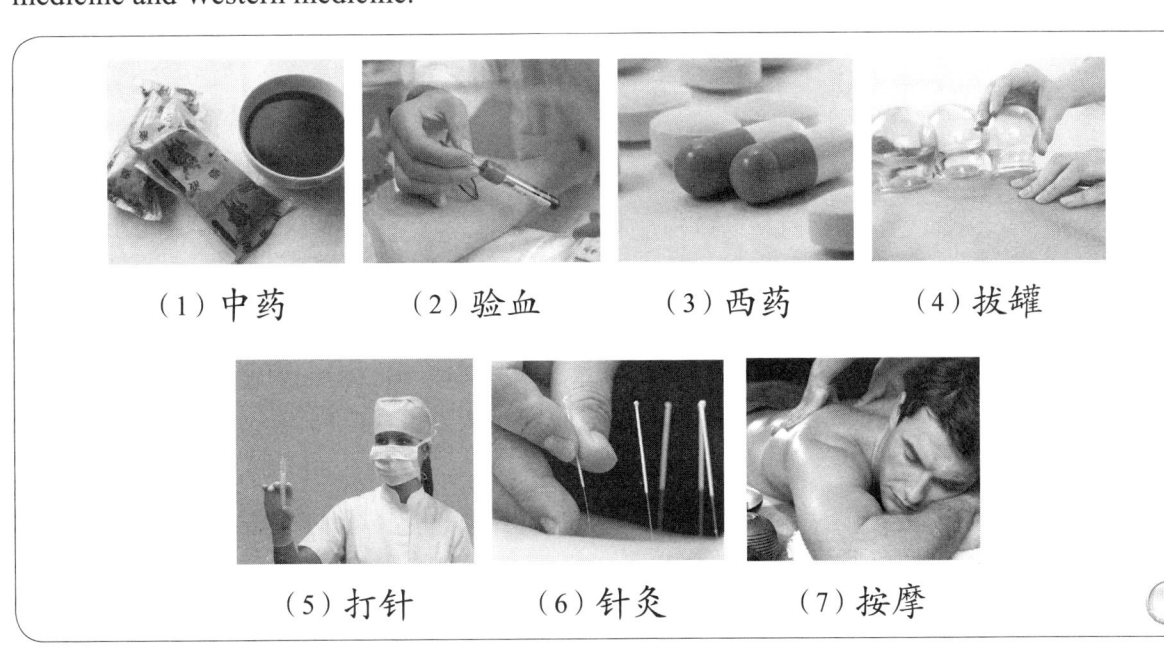

（1）中药　　（2）验血　　（3）西药　　（4）拔罐

（5）打针　　（6）针灸　　（7）按摩

中医（traditional Chinese medicine）　　西医（Western medicine）

14 写作练习。
Writing practice.

Ma Dawei is sick, and the doctor told him to have a couple of days' rest. Please write a request for leave in Chinese on his behalf. (Use *pinyin* for the characters you can't write.)

Example

qǐngjià
请假

lǎoshī:
_____老师：

Dàifu shuō wǒ xūyào xiūxi, wǒ xiàng nín
_____。大夫说我需要休息，我向您

qǐng liǎng tiān jià.
请 两 天 假。

nín de xuésheng:
您的 学生：_____

nián　　yuè　　rì
____年____月____日

请假 qǐngjià　to ask for leave
需要 xūyào　to need
向 xiàng　to; towards

9 Tiānqì liángkuai le
天气凉快了
It's getting cool

听说练习 Listening and Speaking Exercises

1 听对话，判断正误。 09-1
Listen to the dialogues and decide whether the statements are true (T) or false (F).

Part I

◆ Dialogue I:

（1）The best season in Beijing is the spring. （　）

（2）It is neither cold nor hot in autumn. It is very comfortable. （　）

◆ Dialogue II:

（3）The weather is nice today. （　）

（4）They want to see the movie first, and then go to the supermarket. （　）

◆ Dialogue III:

（5）There is no exhibition today in the museum. （　）

（6）They want to see an exhibition together. （　）

Part II

◆ Dialogue IV:

（7）The man can ski. （　）

（8）The woman can ski. （　）

◆ Dialogue V:

（9）The air ticket to the woman's country is very expensive. （　）

（10）The man wants to go back to his country this winter. （　）

2 听短文，用拼音填空。 09-2
Listen to the passages and fill in the blanks with *pinyin*.

（1）Xiànzài shì _____ le, tiānqì hěn _____, bú shì hěn _____ le. Wǒ hěn xǐhuan chūntiān, yīnwèi shù dōu _____. Kěshì, chūntiān chángcháng _____. Wǒ bù xǐhuan guā fēng de _____.

· 83

（2）_____ shì Běijīng _____ de jìjié, tiānqì _____ yě_____, hěn shūfu. Qiūtiān de _____ yě hěn hǎo. Zài qiūtiān, wǒmen _____ qù wàibian wánr.

（3）Xiànzài shì _____ le, tiānqì hěn _____, _____ xià yǔ, kěshì wǒ hěn _____ xiàtiān, yīnwèi néng cháng qù _____.

（4）Jīntiān bówùguǎn _____ hěn hǎo de _____, wǒ xiǎng _____ Sòng Huá yìqǐ qù _____. Kěshì Sòng Huá _____ shíjiān, tā jīntiān yào gēn tā de lǎoshī yìqǐ _____. Zhēn_____!

（5）Běijīng de _____ hěn lěng, dànshì _____ cháng xià _____. Wǒ xǐhuan dōngtiān, _____ xǐhuan dōngtiān de _____, hěn _____, hěn _____.

3 听录音，选择正确答案。 09-3

Listen and choose the correct answers.

（1）A. 打的　　　B. 开车　　　C. 打车　　　D. 坐车　　　（　）
（2）A. 滑雪　　　B. 大雪　　　C. 小雪　　　D. 下雪　　　（　）
（3）A. 天气又冷又热　　　　B. 天气很冷　　　　（　）
　　C. 天气不冷不热　　　　D. 天气很舒服
（4）A. 开关　　　B. 开始　　　C. 开车　　　D. 开水　　　（　）
（5）A. 夏天了　　B. 春天了　　C. 冬天了　　D. 秋天了　　（　）
（6）A. 大贵了　　B. 天贵了　　C. 太贵了　　D. 不太贵　　（　）

4 任务或活动。

Task or activity.

Group activity: Work in groups of three and introduce the seasons in your hometown.

读写练习 Reading and Writing Exercises

1 语音练习。

Pronunciation drills.

Part I

◆ Put tone marks above the words.

（1）re　　　（2）liangkuai　　　（3）nuanhuo　　　（4）gua feng

第 9 课　天气凉快了
Lesson 9　It's getting cool

Part II

◆ Look at the pictures and choose the right *pinyin*.

（5）_____ tiān
A. jiū　　B. qiū　　C. qiú

（6）_____ tiān
A. xiá　　B. qià　　C. xià

（7）_____ tiān
A. dōng　　B. tōng　　C. dòng

（8）_____ tiān
A. zhūn　　B. chūn　　C. shùn

2 按正确的笔顺描汉字，并在后边的空格里写汉字。

Trace over the characters following the correct stroke order and then practice writing them in the blank boxes.

chūn	春	一 三 三 声 夫 表 春 春 春	春	春
xià	夏	一 丁 丁 丙 丙 百 百 百 戛 夏 夏	夏	夏
qiū	秋	一 二 千 千 禾 禾 利 秒 秋	秋	秋
dōng	冬	丿 夂 夂 冬 冬	冬	冬
chē	车	一 艹 壵 车	车	车
tiě	铁	丿 丨 广 气 钅 钅 钅 铁 铁 铁	铁	铁

· 85

3 分析下列汉字的部件结构，并在后边的空格里临写。

Do a componential analysis of the structure of each character and then copy it in the blank boxes.

piào	票	（覀 + 示）	票 票									
jià	驾	（加 + 马）	驾 驾									
dì	地	（土 + 也）	地 地									
shù	树	（木 + 又 + 寸）	树 树									
jī	机	（木 + 几）	机 机									
zuì	最	（曰 + 耳 + 又）	最 最									

4 给下列各组汉字注音，并把它们的部首写在括号中。

Write down the *pinyin* of the characters on the lines and the radicals of them in the brackets.

（1）A. 挂_____ B. 打_____ C. 换_____ D. 排_____ （　　）

（2）A. 过_____ B. 送_____ C. 近_____ D. 进_____ （　　）

（3）A. 园_____ B. 图_____ C. 国_____ D. 困_____ （　　）

（4）A. 慢_____ B. 快_____ C. 忙_____ D. 惜_____ （　　）

（5）A. 堵_____ B. 块_____ C. 地_____ D. 在_____ （　　）

5 选择正确的汉字填空。

Fill in the blanks with the correct characters.

（1）现在路_____堵车。（　　）
　　A. 下　　B. 上　　C. 里

（2）咱们能_____车去吗？（　　）
　　A. 干　　B. 并　　C. 开

（3）我们_____点到？（　　）
　　A. 儿　　B. 几　　C. 凡

（4）今天天气_____好啊！（　　）
　　A. 真　　B. 太　　C. 没

（5）今年冬天你_____国吗？（　　）
　　A. 来　　B. 回　　C. 去

（6）咱们_____地铁吧。（　　）
　　A. 走　　B. 坐　　C. 去

第 9 课　天气凉快了
Lesson 9　It's getting cool

6 连接 I 和 II 两部分的词语，组成句子。
Make sentences by matching words/phrases on the left with those on the right.

I

① Tiānqì
　天气

② Bówùguǎn
　博物馆

③ Wǒ yǒu
　我 有

④ Wǒmen zuò
　我们 坐

⑤ Wǒ de dùzi
　我 的 肚子

⑥ Xiànzài shì
　现在 是

II

A. yǒudiǎnr è le.
　 有点儿 饿 了。

B. qiūtiān le.
　 秋天 了。

C. yǒu ge hěn hǎo de zhǎnlǎn.
　 有 个 很 好 的 展览。

D. Zhōngguó jiàzhào le.
　 中国 驾照 了。

E. yǒudiǎnr rè le.
　 有点儿 热 了。

F. gōnggòng qìchē ba.
　 公共 汽车 吧。

7 对画线部分提问。
Ask questions about the underlined parts.

(1) Jīntiān tiānqì bù lěng yě bú rè, hěn shūfu.
　　今天 天气 不冷也不热，很 舒服。 → _____

(2) Wǒ zuì xǐhuan chūntiān.
　　我 最 喜欢 春天。 → _____

(3) Wǒmen dǎ chē qù ba.
　　我们 打车 去 吧。 → _____

(4) Dǎ chē qù kěnéng dǔ chē.
　　打车 去 可能 堵车。 → _____

(5) Sòng Huá bú huì kāi chē.
　　宋 华 不会 开车。 → _____

8 翻译。(不会写的汉字可以写拼音)
Translation. (Use *pinyin* for the characters you can't write.)

Part I

(1) Wǒmen zuò gōnggòng qìchē qù nàr ma?
　　我们 坐 公共 汽车 去 那儿 吗？

_____

・87

(2) Tiānqì hěn hǎo, bú rè yě bù lěng.
天气 很 好, 不 热 也 不 冷。

_____

(3) Wǒ yǒudiǎnr è le.
我 有点儿 饿 了。

_____

(4) Jīntiān tiānqì zěnmeyàng?
今天 天气 怎么样?

_____

(5) Zhège Xīngqīwǔ wǒ zuò huǒchē huí jiā.
这个 星期五 我 坐 火车 回 家。

_____

(6) Wǒ kěyǐ jiāo nǐ yóuyǒng.
我 可以 教 你 游泳。

_____

Part II

There are four seasons in a year in Beijing. They are spring, summer, autumn and winter. However, spring and autumn are very short. It is warm in the spring, hot in the summer, cool in the autumn and cold in the winter.

_____

_____

9 根据所给拼音, 用括号里的词语组成句子。

Make sentences using the words in the brackets based on the *pinyin* given.

(1) Zánmen kāichē qù bówùguǎn ba. (开车 咱们 博物馆 吧 去)

_____

(2) Zánmen kěyǐ xiān chī diǎnr diǎnxin. (先 可以 咱们 点儿 点心 吃)

_____

(3) Xiànzài shì qiūtiān le, tiānqì liángkuai le. (是 了 现在 天气 了 秋天 凉快)

_____

(4) Chūntiān hěn nuǎnhuo, kěshì chángcháng guā fēng. (很 可是 刮风 春天 暖和 常常)

_____

88

第 9 课　天气凉快了
Lesson 9　It's getting cool

（5）Xiān zuò 961 lù gōnggòng qìchē dào Píngguǒ Yuán.（坐　961 路　到　苹果园　公共汽车　先）

_____

（6）Tiānqì bù lěng yě bú rè.（不　天气　不　热　也　冷）

_____

10 找词语。
Seek and find.

Try to find as many words as possible from the following jumble of characters. Look horizontally, vertically and diagonally. Circle each word and copy it.

春	季	节	日
天	气	凉	快
上	温	暖	走
海	度	和	气

11 完成会话。
Complete the dialogues.

Part I

（1）(Talking about seasons and weather)

　A：_____？

　B：Běijīng xiàtiān tiānqì hěn rè.
　　 北京　夏天　天气　很　热。

（2）(Talking about one's plans)

　A：Jīnnián dōngtiān nǐ huí guó ma?
　　 今年　冬天　你　回国　吗？

　B：_____，可是飞机票太贵了。（想）
　　　　　　　　　　　　 kěshì fēijīpiào tài guì le.　xiǎng

Part II

（3）(Suggesting an activity)

　A：Zánmen jīntiān qù kàn zhǎnlǎn, zěnmeyàng?
　　 咱们　今天　去　看　展览，怎么样？

　B：_____。（忙）
　　　　　　　　　　　　　　 máng

（4）（Talking about transportation）

A：_____？

B：Zánmen zuò dìtiě hé gōnggòng qìchē qù bówùguǎn ba.
咱们 坐 地铁 和 公共 汽车 去 博物馆 吧。

A：Hǎo a, xiān zuò dìtiě háishi xiān zuò gōnggòng qìchē?
好 啊，先 坐 地铁 还是 先 坐 公共 汽车？

B：_____。（gōnggòng qìchē 公共 汽车）

（5）（Asking about time）

A：_____？

B：Xiànzài kuài jiǔ diǎn le.
现在 快 九 点 了。

12 根据所给汉字或拼音填空，注意句子的组合规则。
Write the correct characters or *pinyin* on the lines below. Pay attention to the syntactic rules.

（1）坐

（2）坐 _____ _____
_____ gōnggòng qìchē

（3）坐 _____ _____ 去
_____ gōnggòng qìchē _____

（4）坐 _____ _____ 去 _____
_____ gōnggòng qìchē _____ Tiān'ān Mén

（5）_____ 坐 _____ 去 _____。
Wǒmen _____ gōnggòng qìchē _____ Tiān'ān Mén.

13 阅读理解。
Reading comprehension.

Part I

（1）Read the passage and answer the questions.

Chūntiān, tiānqì nuǎnhuo le, shù lǜ le, huā kāi le, xiǎo-
春天，天气 暖和 了，树 绿 了，花 开（to bloom） 了，小

第 9 课　天气凉快了

Lesson 9　It's getting cool

péngyoumen dōu kěyǐ dào wàibian wánr le. Kěshì chūntiān hěn duǎn, hěn
朋友们　都　可以　到　外边　玩儿了。可是　春天　很　短（short），很
kuài jiù dào xiàtiān le. Xiàtiān tiānqì hěn rè, chángcháng xià dà yǔ, rénmen cháng
快　就　到　夏天　了。夏天　天气　很　热，　常常　下大雨，人们　常
zài xiàtiān yóuyǒng. Qiūtiān, tiānqì liángkuai le, shùyè dōu huáng le, hěn
在　夏天　游泳。秋天，天气　凉快　了，树叶　都　黄（yellow）了，很
piàoliang. Dōngtiān, tiānqì lěng le, chángcháng xià xuě, rénmen xǐhuan zài dōngtiān
漂亮。　冬天，　天气　冷　了，　常常　下雪，人们　喜欢　在　冬天
huáxuě.
滑雪。

　　　Chūntiān tiānqì zěnmeyàng?
① 春天　　天气　怎么样？

　　　Xiàtiān rénmen cháng zuò shénme?
② 夏天　　人们　常　做　什么？

　　　Qiūtiān tiānqì zěnmeyàng?
③ 秋天　　天气　怎么样？

　　　Dōngtiān rénmen cháng zuò shénme?
④ 冬天　　人们　常　做　什么？

Part II

（2）Look at the map and answer the questions.

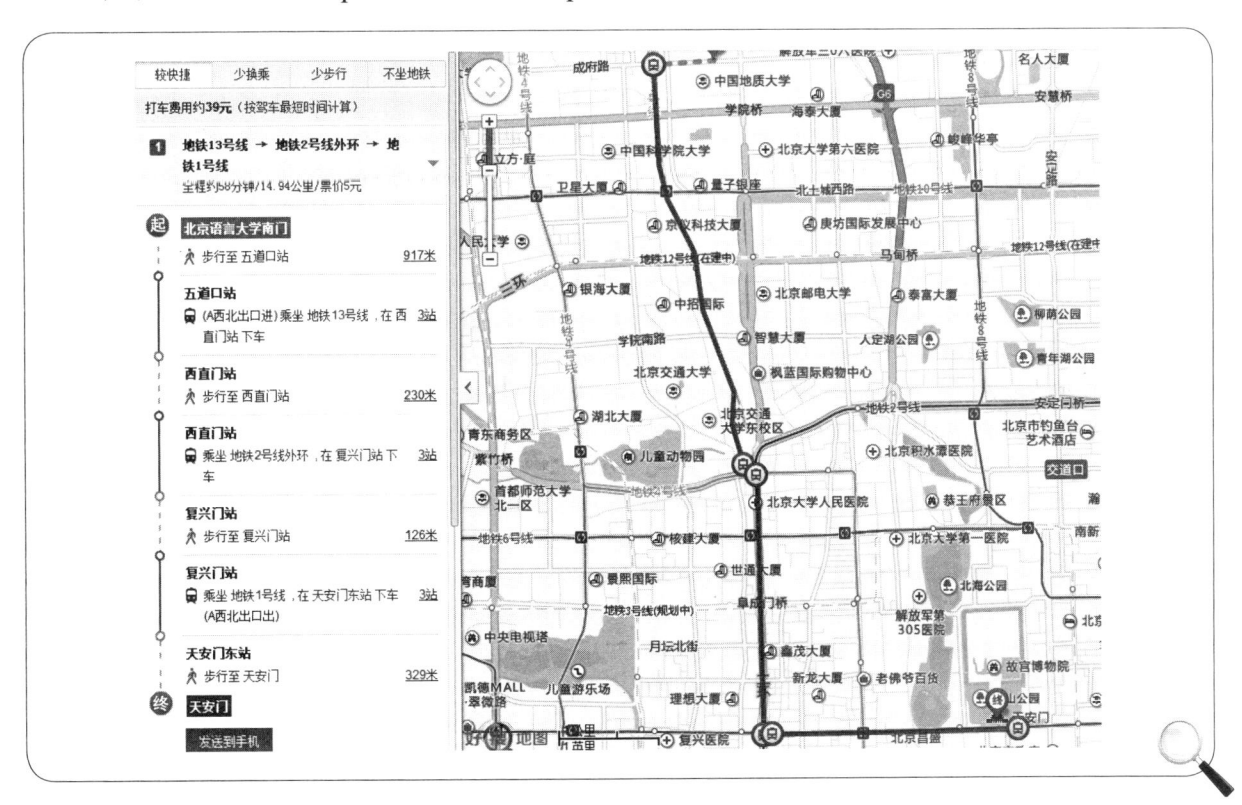

     Cóng nǎr chūfā?
① 从 哪儿 出发？

     Yào qù nǎr?
② 要 去 哪儿？

     Yào huàn jǐ cì chē?
③ 要 换 几 次 车？

     Yígòng yào huā duō cháng shíjiān?
④ 一共 要 花 多 长 时间？

     Cóng dìtiě xià chē hòu dào yào qù de dìfang hái yào zǒu duōshao mǐ?
⑤ 从 地铁 下 车 后 到 要 去 的 地方 还要 走 多少 米？

（3）Read the following Beijing Taxi Invoice and fill in the blanks.

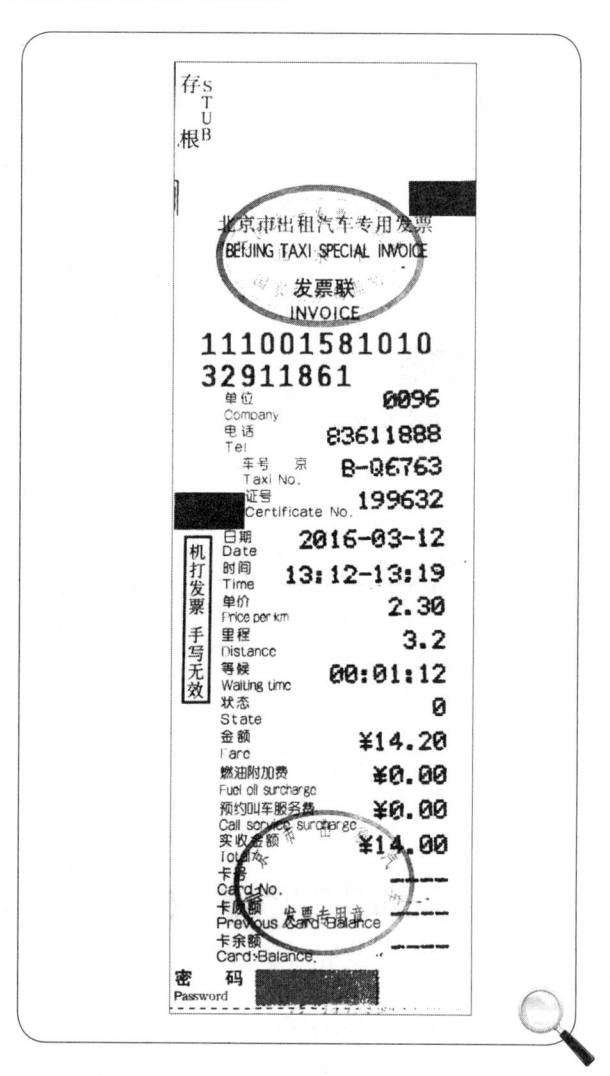

① When the passenger got into the taxi: _____

② When the passenger got out of the taxi: _____

③ The total amount of fee:
_____

④ The date of the invoice:
_____

⑤ The telephone number of the taxi company: _____

⑥ Other information:
_____

14 写作练习。
Writing practice.

  Please write a short essay describing your changes over the past year. The following questions are for your reference. (Use *pinyin* for the characters you can't write.)

（1）What are the changes to your body? Have you gained or lost any weight?

（2）What are the changes to your hair? Is it longer or shorter?

（3）What are the changes to your study? What have you learned?

（4）What are the changes to your life?

（5）What are the changes to your hobbies?

The following words may be helpful to you:

> 体重增加 tǐzhòng zēngjiā　to gain some weight
>
> 体重减轻 tǐzhòng jiǎnqīng　to lose some weight
>
> 长 cháng　long
>
> 短 duǎn　short
>
> 会 huì　to be capable of
>
> 进步 jìnbù　to progress; to improve

10 Zhù nǐ Shèngdàn kuàilè
祝你圣诞快乐
Merry Christmas

听说练习 Listening and Speaking Exercises

1 听对话，判断正误。 10-1
Listen to the dialogues and decide whether the statements are true (T) or false (F).

Part I

◆ Dialogue I:

(1) Chinese don't celebrate Christmas. ( )

(2) The Spring Festival is the most important festival in China. ( )

◆ Dialogue II:

(3) The man goes to do exercise alone. ( )

(4) It is hot today. ( )

◆ Dialogue III:

(5) Xiaoding went to Wangfujing. ( )

(6) Xiaoding bought some gifts for his parents. ( )

◆ Dialogue IV:

(7) The man will spend Christmas in Beijing this year. ( )

(8) The man's brother is not in Beijing. ( )

◆ Dialogue V:

(9) Lin Na has been fine recently. ( )

(10) Lin Na caught a cold. ( )

Part II

◆ Dialogue VI:

(11) The man performs poorly at school. ( )

(12) The man's Chinese friends often help him with his Chinese. ( )

· 95

2 听短文，用拼音填空。

Listen to the passage and fill in the blanks with *pinyin*.

(1) Wǒ jiā zài Běijīng, wǒ _____ bàba māma yìqǐ zhù, mèimei gēn wǒ wàipó _____. Xiànzài wǒ mèimei bú zài Zhōngguó, tā qù _____ le, _____ méi huí guó.

(2) Jīntiān wǒ zài dìtiě shang yùjiàn Xiǎo Dīng le, tā qù Wángfǔjǐng _____ tā bàba māma _____ Shèngdàn lǐwù. Xiǎo Dīng shuō, tāmen yì jiā rén _____ xǐhuan Zhōngwén, dōu shuō Zhōngwén.

(3) Wǒ _____ hěn duō Zhōngguó péngyou le. Tāmen _____ bāng wǒ _____ kèwén, _____ kǒuyǔ. Wǒ _____ chángcháng wèn tāmen yǔfǎ wèntí.

(4) Zuótiān wǒ bàba _____ wǒ _____ diànhuà le. Tā shuō hěn _____ wǒ, wèn wǒ yí ge rén zài Zhōngguó _____. Wǒ shuō wǒ hěn hǎo, wǒ _____ hěn duō Zhōngguó péngyou. Bàba hái wèn wǒ shēntǐ _____, wǒ shuō fēicháng hǎo. Wǒ _____ wǒ bàba.

3 听录音，选择正确答案。

Listen and choose the correct answers.

(1) A. 我受你　　B. 我友你　　C. 我爱你　　　　　　　(　　)

(2) A. 门好　　　B. 问好　　　C. 问奴　　　　　　　　(　　)

(3) A. 怎么样　　B. 怎么羊　　C. 怎什样　　　　　　　(　　)

(4) A. 接电话　　B. 听电话　　C. 打电话　　D. 讲电话　(　　)

(5) A. 送爸妈礼物　　　　　　C. 寄给爸妈礼物　　　　　(　　)
　　B. 给爸妈送礼物　　　　　D. 给爸妈寄礼物

(6) A. 预习课文　　B. 学习课文　　C. 复习课文　　D. 检查课文　(　　)

4 任务或活动。

Task or activity.

Pair activity: The following are some auspicious greetings often exchanged by Chinese people during the Spring Festival. Discuss who each of these greetings is targeted at and role-play greeting each other during the Spring Festival.

第 10 课　祝你圣诞快乐
Lesson 10　Merry Christmas

（1）过年好！　Happy New Year!
（2）祝您新年快乐！　Happy New Year to you!
（3）恭喜发财！　May you be prosperous!
（4）祝您健康长寿！　May you have good health and a long life!
（5）祝你学习进步！　May you make progress in your studies!
（6）祝你生意兴隆！　May you have a blooming business!

读写练习 Reading and Writing Exercises

1 语音练习。
Pronunciation drills.

Part I

◆ Write down the *pinyin* of the following words.

（1）好久不见 _____　　（4）年轻 _____
（2）报告 _____　　　　（5）决定 _____
（3）旅行 _____

Part II

◆ Look at the pictures and choose the right *pinyin*.

（6）_____ jié
　　A. Chēn　B. Chūn

（7）_____ diàn
　　A. sāng　B. shāng

（8）_____ diǎn

A. cí   B. zì

（9）_____ jī

A. shǒu   B. shǔ

（10）_____

A. chū   B. shū

2 按正确的笔顺描汉字，并在后边的空格里写汉字。

Trace over the characters following the correct stroke order and then practice writing them in the blank boxes.

nián	年	ノ 𠂉 ㇒ 年	年 年	
shǒu	手	一 二 三 手	手 手	
diàn	电	丨 冂 日 电	电 电	
wǎng	网	丨 冂 冈 网 网	网 网	
wèn	问	丶 门 问 问 问	问 问	
yòng	用	ノ 冂 月 月 用	用 用	

第 10 课　祝你圣诞快乐
Lesson 10　Merry Christmas

3 分析下列汉字的部件结构，并在后边的空格里临写。
Do a componential analysis of the structure of each character and then copy it in the blank boxes.

xiǎng	想	（相 + 心）	想 想	
fǔ	府	（广 + 付）	府 府	
zhù	住	（亻 + 主）	住 住	
diàn	店	（广 + 占）	店 店	
kàn	看	（手 + 目）	看 看	
pó	婆	（波 + 女）	婆 婆	

4 给下列各组汉字注音，并把它们的部首写在括号中。
Write down the *pinyin* of the characters on the lines and the radicals of them in the brackets.

（1）A. 报＿＿＿　B. 换＿＿＿　C. 挂＿＿＿　（　　）

（2）A. 词＿＿＿　B. 课＿＿＿　C. 让＿＿＿　（　　）

（3）A. 行＿＿＿　B. 很＿＿＿　C. 街＿＿＿　（　　）

（4）A. 宋＿＿＿　B. 字＿＿＿　C. 定＿＿＿　（　　）

（5）A. 应＿＿＿　B. 店＿＿＿　C. 府＿＿＿　（　　）

5 选择正确的汉字填空。
Fill in the blanks with the correct characters.

（1）妈妈＿＿＿我打电话了。（　　）
　　A. 拾　　B. 给　　C. 合

（2）你＿＿＿他一个小汽车吧。（　　）
　　A. 送　　B. 关　　C. 寄

（3）他＿＿＿我给妈妈打电话。（　　）
　　A. 讨　　B. 让　　C. 记

（4）我想＿＿＿王府井。（　　）
　　A. 来　　B. 去　　C. 走

（5）我现在会＿＿＿汉语词典了。（　　）
　　A. 几　　B. 月　　C. 用

（6）外婆的身＿＿＿很好。（　　）
　　A. 体　　B. 本　　C. 休

新实用汉语课本（第3版）综合练习册 1
New Practical Chinese Reader (3rd Edition) Workbook 1

6 连接 I 和 II 两部分的词语，组成句子。
Make sentences by matching words/phrases on the left with those on the right.

I
① 妈妈让我问 Māma ràng wǒ wèn
② 我在北京 Wǒ zài Běijīng
③ 他们帮我 Tāmen bāng wǒ
④ 我跟奶奶 Wǒ gēn nǎinai
⑤ 我现在会 Wǒ xiànzài huì
⑥ 中国人过春节是不是 Zhōngguórén guò Chūnjié shì bu shì

II
A. 要吃饺子？ yào chī jiǎozi?
B. 一起住。 yìqǐ zhù.
C. 上中文网了。 shàng Zhōngwénwǎng le.
D. 外婆好。 wàipó hǎo.
E. 过圣诞节。 guò Shèngdàn Jié.
F. 复习课文。 fùxí kèwén.

7 对画线部分提问。
Ask questions about the underlined parts.

(1) 我去<u>天安门</u>了。 Wǒ qù Tiān'ān Mén le. → _____

(2) <u>力波</u>给妈妈打电话了。 Lìbō gěi māma dǎ diànhuà le. → _____

_____（没有 méi yǒu）

(3) 大夫让大为<u>下星期一再来</u>。 Dàifu ràng Dàwéi xià Xīngqīyī zài lái. → _____

(4) 电影学院请陆雨平<u>做报告</u>。 Diànyǐng Xuéyuàn qǐng Lù Yǔpíng zuò bàogào. → _____

(5) <u>中国人也过圣诞节</u>。 Zhōngguórén yě guò Shèngdàn Jié. → _____

_____（是不是 shì bu shì）

第 10 课 祝你圣诞快乐
Lesson 10 Merry Christmas

8 翻译。(不会写的汉字可以写拼音)
Translation. (Use *pinyin* for the characters you can't write.)

Part I

(1) Nǐ hǎo, Mǎlì, hǎojiǔ bú jiàn, nǐ qù nǎr?
你好，玛丽，好久不见，你去哪儿？

(2) Wǒ àiren ràng wǒ qù chāoshì gěi Tāngmǔ de érzi mǎi yí jiàn shēngrì lǐwù.
我爱人让我去超市给汤姆的儿子买一件生日礼物。

(3) Nǐ de Hànyǔ zěnmeyàng?
你的汉语怎么样？

(4) Nǐ bàba māma shēntǐ zěnmeyàng?
你爸爸妈妈身体怎么样？

(5) Wǒ mèimei xǐhuan lǚxíng.
我妹妹喜欢旅行。

(6) Chūnjié kuàilè!
春节快乐！

Part II

Christmas is the most important festival in my country. People spend the day with their family and parents give their kids Christmas gifts.

9 根据所给拼音，用括号里的词语组成句子。
Make sentences using the words in the brackets based on the *pinyin* given.

(1) Nǐ yào duō bāng wàipó zuò diǎnr shìr.（要 帮 做 多 你 事儿 外婆 点儿）

（2）Nǐmen lái Běijīng, shì wǒmen zuì xiǎng yào de lǐwù.（来 是 最 的 我们 礼物 你们 北京 想要）

_____

（3）Nín hé māma zuìjìn zěnmeyàng?（最近 和 您 妈妈 怎么样）

_____

（4）Dìdi gēn wǒ wàipó yìqǐ zhù.（跟 一起 外婆 我 住 弟弟）

_____

（5）Tā ràng wǒ gěi māma dǎ diànhuà.（让 给 我 打 妈妈 电话 他）

_____

（6）Wǒ xiànzài huì yòng Hànyǔ cídiǎn le.（会 词典 我 了 汉语 现在 用）

_____

10 找词语。

Seek and find.

Try to find as many words as possible from the following jumble of characters. Look horizontally, vertically and diagonally. Circle each word and copy it.

春　节　日　本
天　气　温　暖
礼　物　红　包
貌　品　色　子

11 完成会话。

Complete the dialogues.

Part I

（1）A: _____? （哪儿 nǎr）

　　B: 我 在 语言 学院 学 汉语。
　　　Wǒ zài Yǔyán Xuéyuàn xué Hànyǔ.

（2）A: _____?

　　B: 我 身体 很 好。
　　　Wǒ shēntǐ hěn hǎo.

第 10 课　祝你圣诞快乐
Lesson 10　Merry Christmas

（3）（Talking about something that has happened）

　　　　　　　Nǐ　qù Wángfǔjǐng zuò shénme le?
A：你 去 王府井 做 什么 了？

　　　　　　　　　　　　　　　　　　　　mǎi Shèngdàn Jié lǐwù
B：_____。（买 圣诞 节 礼物）

Part II

（4）（Talking about study）

A：_____?

　　Wǒ xiànzài xuéxí hěn hǎo, huì yòng Hànyǔ cídiǎn le.
B：我 现在 学习 很 好，会 用 汉语 词典 了。

　　　　　　　　　　　　　　　　　　　　　shì bu shì
（5）A：_____?（是 不 是）

　　Shì, wǒ tèbié xǐhuan chī Zhōngguócài.
B：是，我 特别 喜欢 吃 中国菜。

　　　　　　　　　　　　　　　　　　　　　shì bu shì
（6）A：_____?（是 不 是）

　　Shì, xiànzài hěn duō Zhōngguó de niánqīngrén yě guò Shèngdàn Jié.
B：是，现在 很 多 中国 的 年轻人 也 过 圣诞 节。

12 根据所给汉字或拼音填空，注意句子的组合规则。

Write the correct characters or *pinyin* on the lines below. Pay attention to the syntactic rules.

（1）_____
　　　sòng

（2）_____ 礼物
　　　sòng _____

（3）_____ _____ 礼物
　　　sòng　yí jiàn _____

（4）我 _____ _____ _____ 礼物。
　　　_____ sòng　māma　yí jiàn _____.

13 阅读理解。

Reading comprehension.

Part I

（1）Read the passage and answer the questions.

> Dàwèi jiā shì yí ge guójì dà jiātíng. Tā bàba shì
> 大卫 家 是 一 个 国际（international）大 家庭（family）。他 爸爸 是
> Jiānádàrén, māma shì Rìběnrén, tā zài Měiguó chūshēng, tā shì Měiguórén. Dàwèi
> 加拿大人， 妈妈 是 日本人， 他 在 美国 出生， 他 是 美国人。大卫
> de wàipó shì Yīngguórén, wàigōng shì Rìběnrén. Yéye hé nǎinai dōu shì Zhōngguórén.
> 的 外婆 是 英国人， 外公 是 日本人。爷爷 和 奶奶 都 是 中国人。
> Tāmen jiā shì bu shì yí ge guójì dà jiātíng? Měi nián, Dàwèi jiā guò hěn duō jié, yǒu
> 他们 家 是 不 是 一 个 国际 大 家庭？ 每 年，大卫 家 过 很 多 节，有
> Měiguó de Shèngdàn Jié、Zhōngguó de Chūnjié、 Rìběn de Yuándàn.
> 美国 的 圣诞 节、中国 的 春节、日本的 元旦（New Year's Day）。

Dàwèi shì nǎ guó rén?
① 大卫 是 哪 国 人？

Dàwèi de yéye nǎinai shì nǎ guó rén?
② 大卫 的 爷爷 奶奶 是 哪 国 人？

Wèi shénme shuō Dàwèi jiā shì yí ge guójì dà jiātíng?
③ 为 什么 说 大卫 家 是 一 个 国际 大 家庭？

Dàwèi jiā guò nǎxiē jié?
④ 大卫 家 过 哪些 节？

Part II

（2）Look at the pictures and answer the questions.

104

Lesson 10　Merry Christmas

The characters in the four pictures above are auspicious characters/words often used by Chinese people during the Spring Festival. Consult a dictionary or discuss with your friend to figure out the meanings of these characters, and then answer the questions.

①"福"是什么意思？
　　"Fú" shì shénme yìsi?

②为什么"福"字倒着贴（to paste upside down）？
　　Wèi shénme "fú" zì dàozhe tiē?

③"吉祥如意"还可以怎么说？
　　"Jíxiáng rúyì" hái kěyǐ zěnme shuō?

④"年年有余"的图上为什么有很多鱼（fish）？
　　"Nián nián yǒu yú" de tú shang wèi shénme yǒu hěn duō yú?

14 写作练习。
Writing practice.

Find a Spring Festival couplet on the Internet, write the couplet on a postcard, and then give it to a friend or family member of yours as a Spring Festival gift. (Use *pinyin* for the characters you can't write.)

Example

中国邮政明信片
Postcard
The People's Republic of China

亲爱的＿＿＿＿：
祝你

爱你的＿＿＿＿
＿＿＿年＿＿＿月＿＿＿日

邮政编码 311220

· 105

听力文本 Listening Scripts

第 1 课 你最近怎么样

1 Dialogue I：
A：你好！我叫马大为。请问你叫什么名字？
B：我姓王，叫王小云。
A：认识你很高兴。
B：认识你我也很高兴。

Dialogue II：
A：你好！
B：你好！
A：我叫林娜。请问你叫什么名字？
B：我姓李，叫李明。
A：认识你很高兴。
B：认识你我也很高兴。

Dialogue III：
A：你好吗？
B：我很好。你忙吗？
A：我不忙。你呢？
B：我很忙。

Dialogue IV：
A：小云在吗？
B：在，大为，请进，请坐。你最近怎么样？
A：我很好。你呢？
B：我最近很忙。力波好吗？
A：他也很好。

· 107

新实用汉语课本（第3版）综合练习册1
New Practical Chinese Reader (3rd Edition) Workbook 1

2
(1) 我姓马，叫马大为。我最近很忙。
(2) 她叫林娜。她最近很好，不太忙。

3
(1) 什么
(2) 我姓宋。
(3) 他叫马大为。
(4) 林娜在。
(5) 我很忙。
(6) 林娜不太忙。

第2课　你是哪国人

1 Dialogue I：
A：早上好，林娜！
B：早上好，大为！这是我哥哥，他叫林强，刚到北京。
A：你好！我叫马大为，认识你很高兴。
C：认识你我也很高兴。

Dialogue II：
A：老师您好，请问您贵姓？
B：我姓李。
A：李老师，您好！我叫丁力波。
B：力波你好！你是哪国人？
A：我是加拿大人。

Dialogue III：
A：这是什么？
B：这是饺子。
A：你喜欢吃饺子吗？
B：我喜欢吃饺子。饺子很好吃。

Dialogue IV：
A：你是北京人吗？
B：我不是北京人，我是上海人。你呢？
A：我是北京人。你喜欢吃什么？
B：我喜欢吃点心。你呢？

· 108 ·

Wǒ xǐhuan chī miàntiáo.
A：我 喜欢 吃 面条。

2
(1) Zhè shì Wáng Xiǎoyún, tā shì wǒ péngyou. Tā xuéxí Yīngyǔ.
这 是 王 小云，她 是 我 朋友。她 学习 英语。

(2) Tā jiào Zhāng Liàng, tā shì Běijīngrén, xǐhuan chī jiǎozi.
他 叫 张 亮，他 是 北京人，喜欢 吃 饺子。

3
(1) Tā shì wǒ péngyou. 他 是 我 朋友。
(2) Wǒ shì Měiguórén. 我 是 美国人。
(3) Zhè shì jiǎozi. 这 是 饺子。
(4) Nà bú shì bāozi. 那 不 是 包子。
(5) Diǎnxin hěn hǎochī. 点心 很 好吃。
(6) Wǒ xǐhuan chī miàntiáo hé bāozi. 我 喜欢 吃 面条 和 包子。

第3课　你们家有几口人

1 Dialogue I:
A：Nǐ jiā yǒu jǐ kǒu rén?
你家 有 几 口 人？

B：Wǒ jiā yǒu sì kǒu rén, bàba、māma、gēge hé wǒ.
我 家 有 四 口 人，爸爸、妈妈、哥哥 和 我。

A：Nǐ bàba māma zuò shénme gōngzuò?
你 爸爸 妈妈 做 什么 工作？

B：Wǒ bàba shì lǎoshī, wǒ māma shì yīshēng.
我 爸爸 是 老师，我 妈妈 是 医生。

Dialogue II:
A：Zhè shì nǐmen jiā de zhàopiàn ma?
这 是 你们 家 的 照片 吗？

B：Shì.
是。

A：Zhè shì shéi? Shì nǐ jiějie ma?
这 是 谁？是 你 姐姐 吗？

B：Bù, zhè shì wǒ mèimei. Wǒ méi yǒu jiějie.
不，这 是 我 妹妹。我 没 有 姐姐。

Dialogue III:
A：Qǐng jìn, qǐng zuò. Nǐ hē shénme? Wǒmen jiā yǒu kāfēi hé chá.
请 进，请 坐。你 喝 什么？我们 家 有 咖啡 和 茶。

B：Wǒ xǐhuan hē kāfēi. Zhè zhāng zhàopiàn zhēn piàoliang! Zhè shì nǐ nǚ'ér ma?
我 喜欢 喝 咖啡。这 张 照片 真 漂亮！这 是 你 女儿 吗？

A：Bú shì, zhè shì wǒ jiějie de nǚ'ér.
不是，这 是 我 姐姐 的 女儿。

B：Tā jīnnián jǐ suì?
她 今年 几 岁？

A：Tā jīnnián qī suì.
她 今年 七 岁。

Dialogue IV:
A：Míngtiān nǐ yǒu kè ma?
明天 你 有 课 吗？

B：Yǒu, míngtiān shàngwǔ wǒ yǒu Yīngyǔkè, xiàwǔ yǒu gāngqínkè. Nǐ ne?
有，明天 上午 我 有 英语课，下午 有 钢琴课。你 呢？

A：Wǒ shàngwǔ yǒu Hànyǔkè, xiàwǔ méi yǒu kè.
我 上午 有 汉语课，下午 没 有 课。

· 109

2 (1) Zhè shì wǒmen jiā de zhàopiàn. Wǒmen jiā yǒu wǔ kǒu rén, bàba、māma、gēge、jiějie hé wǒ.
这是我们家的照片。我们家有五口人,爸爸、妈妈、哥哥、姐姐和我。

Wǒ bàba shì yīshēng, wǒ māma shì Yīngyǔ lǎoshī, tāmen dōu hěn máng.
我爸爸是医生,我妈妈是英语老师,他们都很忙。

(2) Zhè shì Sòng Chāo, tā shì wǒ péngyou. Tā yǒu yí ge nǚ'ér, jīnnián bā suì, hěn piàoliang. Tā
这是宋超,他是我朋友。他有一个女儿,今年八岁,很漂亮。他

nǚ'ér jīntiān wǎnshang yǒu gāngqínkè, bú zài jiā.
女儿今天晚上有钢琴课,不在家。

3 (1) sì kǒu rén 四口人　　(2) wǔ zhāng zhàopiàn 五张照片　　(3) Wǒ māma shì lǎoshī. 我妈妈是老师。

(4) Zhè shì tā gēge. 这是他哥哥。　　(5) Wǒmen jiā méi yǒu chá. 我们家没有茶。　　(6) Wǒ nǚ'ér jīnnián liù suì. 我女儿今年六岁。

第4课　你明天几点有课

1 Dialogue I:
A: Nǐ míngtiān máng bu máng?
你明天忙不忙?

B: Hěn máng, wǒ yǒu hěn duō kè.
很忙,我有很多课。

A: Nǐ míngtiān jǐ diǎn yǒu kè?
你明天几点有课?

B: Wǒ míngtiān shàngwǔ bā diǎn yǒu kǒuyǔkè, xiàwǔ liǎng diǎn yǒu Hànzìkè.
我明天上午八点有口语课,下午两点有汉字课。

Dialogue II:
A: Nǐ jīntiān wǎnshang yǒu méi yǒu shíjiān?
你今天晚上有没有时间?

B: Yǒu shíjiān.
有时间。

A: Wǒmen yìqǐ qù kàn diànyǐng ba.
我们一起去看电影吧。

B: Hǎo a.
好啊。

Dialogue III:
A: Xiànzài jǐ diǎn?
现在几点?

B: Chà wǔ fēn liù diǎn.
差五分六点。

A: Qī diǎn wǒ yǒu gāngqínkè, liù diǎn bàn wǒ huí xuéxiào.
七点我有钢琴课,六点半我回学校。

Dialogue IV:
A: Nǐmen bān yígòng yǒu duōshao rén?
你们班一共有多少人?

B: Wǒmen bān yǒu èrshí ge rén.
我们班有二十个人。

A: Nǐmen bān nǚshēng duō bu duō?
你们班女生多不多?

B: Hěn duō, wǒmen bān yǒu shíwǔ ge nǚshēng. Nǐmen bān ne?
很多,我们班有十五个女生。你们班呢?

听力文本
Listening Scripts

A：Wǒmen bān yǒu shíliù ge xuésheng, bā ge nánshēng, bā ge nǚshēng.
我们班有十六个学生，八个男生，八个女生。

B：Nǐmen bān zhēn yǒu yìsi!
你们班真有意思！

2 (1) Dīng Lìbō míngtiān tèbié máng. Tā shàngwǔ bā diǎn yǒu yǔfǎkè, shí diǎn yǒu kǒuyǔkè, xiàwǔ liǎng diǎn yǒu Hànzìkè, wǎnshang qī diǎn hái yǒu gāngqínkè.
丁力波明天特别忙。他上午八点有语法课，十点有口语课，下午两点有汉字课，晚上七点还有钢琴课。

(2) Wǒmen bān yígòng yǒu èrshíbā ge xuésheng, èrshí ge nǚshēng, bā ge nánshēng. Tāmen bān yígòng yǒu sānshí ge xuésheng, zhǐ yǒu liǎng ge nánshēng.
我们班一共有二十八个学生，二十个女生，八个男生。他们班一共有三十个学生，只有两个男生。

3 (1) bā diǎn bàn 八点半
(2) chà shí fēn liǎng diǎn 差十分两点
(3) sān diǎn yí kè 三点一刻
(4) Wǒ míngtiān liù diǎn yǒu kè. 我明天六点有课。
(5) Sì diǎn bàn wǒ huí xuéxiào. 四点半我回学校。
(6) Wǒmen bān yǒu èrshí'èr ge xuésheng. 我们班有二十二个学生。

第 5 课　祝你生日快乐

1 Dialogue I：
A：Xīngqīliù nǐ yǒu shíjiān ma?
星期六你有时间吗？

B：Shénme shìr?
什么事儿？

A：Xīngqīliù shì Sòng Huá de shēngrì, wǒmen yǒu yí ge shēngrì jùhuì. Nǐ cānjiā bu cānjiā?
星期六是宋华的生日，我们有一个生日聚会。你参加不参加？

B：Cānjiā.
参加。

A：Nǐ sòng tā shénme lǐwù?
你送他什么礼物？

B：Wǒ sòng tā yì zhāng diànyǐng DVD.
我送他一张电影DVD。

Dialogue II：
A：Nǐ dìdi jīnnián duō dà?
你弟弟今年多大？

B：Tā èr líng líng líng nián chūshēng, jīnnián shíliù suì.
他二零零零年出生，今年十六岁。

A：Tā shǔ shénme?
他属什么？

B：Tā shǔ lóng.
他属龙。

Dialogue III：
A：Huānyíng nǐmen, qǐng jìn, qǐng zuò.
欢迎你们，请进，请坐。

B：Zhè shì nǐ de shēngrì lǐwù. Zhù nǐ èrshíwǔ suì shēngrì kuàilè!
这是你的生日礼物。祝你二十五岁生日快乐！

· 111

新实用汉语课本（第3版）综合练习册1
New Practical Chinese Reader (3rd Edition) Workbook 1

```
                Xièxie!  Nǐmen lái, wǒ tèbié gāoxìng.  Wǒmen yìqǐ chī dàngāo ba.
           A：谢谢！ 你们 来，我 特别 高兴。 我们 一起 吃 蛋糕 吧。
                Hǎo!
           B：好！

                    Zhè shì bu shì nǐmen bān de zhàopiàn?
Dialogue IV：A：这 是不是 你们 班 的 照片？
                Shì. Kàn, zhè jiù shì Chén lǎoshī hé Lǐ lǎoshī.
           B：是。看，这 就是 陈 老师和李老师。
                Tāmen jiāo nǐmen shénme?
           A：他们 教 你们 什么？
                Chén lǎoshī jiāo wǒmen yǔfǎ,  Lǐ lǎoshī jiāo wǒmen kǒuyǔ hé Hànzì.  Wǒmen dōu
           B：陈 老师 教 我们 语法，李老师 教 我们 口语 和 汉字。 我们 都
                hěn xǐhuan tāmen.
                很 喜欢 他们。
```

2 (1)
```
        Dà Lín yī jiǔ bā qī nián Wǔyuè sān rì chūshēng,  jīnnián èrshíjiǔ suì. Zhège Xīngqīrì shì tā de
        大 林 一九八七年 五月 三 日 出生， 今年 二十九岁。 这个 星期日是他的
        shēngrì, wǒmen yǒu yí ge shēngrì jùhuì. Wǒ sòng tā yí ge shēngrì dàngāo, Xiǎoyún sòng tā yì
        生日， 我们 有 一个 生日 聚会。我 送 他 一个 生日 蛋糕， 小云 送 他 一
        hé qiǎokèlì, Lù Yǔpíng sòng tā liǎng zhāng CD. Wǒmen yìqǐ zhù tā shēngrì kuàilè.
        盒 巧克力，陆 雨平 送 他 两 张 CD。 我们 一起 祝 他 生日 快乐。
```

(2)
```
        Wǒ lái jièshào yíxià, zhè shì wǒ de Zhōngguó péngyou Wáng Xiǎoyún. Tā jiāo wǒ shuō Hànyǔ、 xiě
        我 来 介绍 一下，这 是 我 的 中国 朋友 王 小云。她教我 说 汉语、写
        Hànzì, hái jiāo wǒ zuò jiǎozi hé bāozi. Rènshi tā, wǒ tèbié gāoxìng.
        汉字，还 教 我 做 饺子 和 包子。 认识 她，我 特别 高兴。
```

3
```
        Xīngqīwǔ                  Qīyuè wǔ hào                yī jiǔ bā liù nián
   (1) 星期五             (2) 七月 五 号          (3) 一九八六 年
        Jīntiān Èryuè shíbā hào.  Míngtiān Xīngqīsì.          Tā jiāo wǒ shuō Hànyǔ.
   (4) 今天 二月十八 号。 (5) 明天 星期四。     (6) 他 教 我 说 汉语。
```

第6课 图书馆在食堂北边

```
              Qǐngwèn, túshūguǎn zài nǎr?
1 Dialogue I：A：请问， 图书馆 在哪儿？
              Zài shítáng zuǒbian.
           B：在 食堂 左边。

              Shítáng zài nǎr? Dà bu dà?
Dialogue II：A：食堂 在哪儿？大不大？
              Shítáng hěn dà, zài túshūguǎn nánbian.
           B：食堂 很 大，在 图书馆 南边。

              Nǐ xiànzài zài nǎr?
Dialogue III：A：你 现在 在 哪儿？
              Wǒ yě bù zhīdào. Wǒ zài yí ge shāngdiàn qiánbian.
           B：我 也不 知道。 我 在 一个 商店 前边。
              Bié zháojí, shāngdiàn yòubian yǒu méi yǒu yì tiáo dà mǎlù?
           A：别 着急， 商店 右边 有 没有 一条 大 马路？
```

听力文本
Listening Scripts

```
                    Yǒu.
            B：有。
                    Nǐ xiān guò mǎlù, mǎlù duìmiàn yǒu yì tiáo hútòng.
            A：你 先 过 马路， 马路 对面 有 一 条 胡同。
                    Děng yíxià, nǐ shuō shénme?
            B：等 一下，你 说 什么？
```

2

```
        Sùshèlóu xībian shì tǐyùguǎn, tǐyùguǎn fēicháng dà.
(1) 宿舍楼 西边 是 体育馆，体育馆 非常 大。
        Lǎo Běijīng yǒu hěn duō hútòng, hútòng jiù shì xiǎo jiēdào, wǒ jiā jiù zài yì tiáo hútòng li.
(2) 老 北京 有 很 多 胡同， 胡同 就 是 小 街道， 我 家 就 在 一 条 胡同 里。
```

3

```
        sùshè            tǐyùguǎn        jiēdào          pángbiān        guò mǎlù
(1) 宿舍      (2) 体育馆    (3) 街道    (4) 旁边    (5) 过 马路
        Nǐ zài shénme dìfang?                           Sùshèlóu běibian shì jiàoxuélóu.
(6) 你 在 什么 地方？                    (7) 宿舍楼 北边 是 教学楼。
        Xuéxiào lǐbian yǒu yínháng ma?                  Děng yíxià, nǐ shuō shénme?
(8) 学校 里边 有 银行 吗？              (9) 等 一下，你 说 什么？
```

第 7 课　苹果多少钱一斤

1

```
                        Cǎoméi duōshao qián yì jīn?
Dialogue I：   A：草莓 多少 钱 一斤？
                        Èrshí kuài yì jīn.
              B：二十 块 一斤。
                        Nín de cǎoméi zhēn guì. Piányi diǎnr ba, shíqī kuài yì jīn, hǎo ma?
              A：您 的 草莓 真 贵。便宜点儿吧，十七 块 一斤，好 吗？
                        Hǎo ba.
              B：好 吧。

                        Kěyǐ dǎzhé ma?
Dialogue II：  A：可以 打折 吗？
                        Bù hǎoyìsi, xiànzài bù dǎzhé.
              B：不 好意思，现在 不 打折。
                        Kěyǐ shuākǎ ma?
              A：可以 刷卡 吗？
                        Kěyǐ.
              B：可以。

                        Zhè jiàn yīfu tài xiǎo, yǒu dàhào de chènshān ma?
Dialogue III：A：这 件 衣服太 小，有 大号 的 衬衫 吗？
                        Yǒu, nín zài shì yíxià zhè jiàn ba.
              B：有，您 再 试 一下 这 件 吧。
                        Zhè jiàn hěn héshì. Duōshao qián?
              A：这 件 很 合适。多少 钱？
                        Yìbǎi sānshíbā kuài.
              B：一百 三十八 块。

                        Zhèxiē yīfu yígòng duōshao qián?
Dialogue IV： A：这些 衣服 一共 多少 钱？
```

· 113

　　　　　　　　　Yǔróngfú yìqiān wǔbǎisì, niúzǎikù liùbǎi sìshíjiǔ, yígòng liǎngqiān yībǎi bāshíjiǔ kuài.
　　　　　　B：羽绒服 一千 五百四，牛仔裤 六百 四十九，一共 两千 一百 八十九 块。

　　　　　　　　　Xiànzài dǎzhé ma?
　　　　　　A：现在 打折 吗？

　　　　　　　　　Bù dǎzhé.
　　　　　　B：不 打折。

　　　　　　　　　Nín hǎo, yǒu méi yǒu niúzǎikù?
Dialogue V： A：您 好，有 没 有 牛仔裤？

　　　　　　　　　Yǒu, nín kàn zhè tiáo zěnmeyàng?
　　　　　　B：有，您 看 这 条 怎么样？

　　　　　　　　　Yǒu hēisè de ma? Wǒ bù xǐhuan lánsè de.
　　　　　　A：有 黑色 的 吗？我 不 喜欢 蓝色 的。

　　　　　　　　　Bù hǎoyìsi, hēisè de méi yǒu le.
　　　　　　B：不 好意思，黑色 的 没 有 了。

2　　Lín Nà xiǎng qù shìchǎng mǎi shuǐguǒ. Tā xiǎng mǎi hěn duō shuǐguǒ, yǒu xiāngjiāo、 píngguǒ、
　　(1) 林娜 想 去 市场 买 水果。她 想 买 很 多 水果，有 香蕉、 苹果、
　　　　cǎoméi, hái yǒu pútao. Lǎobǎn hěn hǎo, shuō kěyǐ gěi Lín Nà dǎ bā zhé.
　　　　草莓，还 有 葡萄。老板 很 好，说 可以 给 林娜 打 八 折。

　　　　Sòng Huá qù shāngchǎng mǎi yīfu. Tā xiǎng mǎi yí jiàn zhōnghào de chènshān, zhōnghào de
　　(2) 宋 华 去 商场 买 衣服。他 想 买 一 件 中号 的 衬衫，中号 的
　　　　chènshān tài dà. Tā shuō zài shì yí jiàn xiǎohào de chènshān. Xiǎohào de chènshān hěn héshì,
　　　　衬衫 太 大。他 说 再 试 一 件 小号 的 衬衫。小号 的 衬衫 很 合适，
　　　　yě hěn piàoliang.
　　　　也 很 漂亮。

3　　　yìdiǎnr　　　　　　　zěnme　　　　　　　shí jīn　　　　　　　mài
　　(1) 一点儿　　　(2) 怎么　　　(3) 十 斤　　　(4) 卖

　　　píngguǒ bù dǎzhé　　　dàhào de chènshān　　　méi wèntí
　　(5) 苹果 不 打折　(6) 大号 的 衬衫　(7) 没 问题

第8课　我全身都不舒服

1 Dialogue I： 　　Xiǎoyún, nǐ jīntiān wèi shénme bú qù shàngkè?
　　　　　　A：小云，你 今天 为 什么 不 去 上课？

　　　　　　　　　Wǒ bù shūfu, tóu téng.
　　　　　　B：我 不 舒服，头 疼。

　　　　　　　　　Duìbuqǐ, wǒ bù zhīdào nǐ bù shūfu.
　　　　　　A：对不起，我 不 知道 你 不 舒服。

　　　　　　　　　Méi guānxi.
　　　　　　B：没 关系。

Dialogue II： 　　Nǐ wèi shénme méi qù xuéxiào shàngkè?
　　　　　　A：你 为 什么 没 去 学校 上课？

　　　　　　　　　Wǒ dùzi téng, hěn bù shūfu.
　　　　　　B：我 肚子 疼，很 不 舒服。

听力文本
Listening Scripts

A：我跟你一起去医院吧。今天天气很冷，你要多穿点儿衣服。
B：好，谢谢你。

Dialogue III：
A：请问头疼、嗓子疼应该挂什么科？
B：挂内科。
A：内科在一层还是二层？
B：一层。

Dialogue IV：
A：大夫，我身体怎么样？
B：没什么事儿，你要多喝水，多休息。你能吃中药吗？
A：可以，听说中药不错。

Dialogue V：
A：您好，请问外科在几层？
B：外科在三层。先挂个号吧。
A：不好意思，我不看病。我去看一个朋友，我的朋友在外科工作。

2
（1）我每天早上七点都去运动。可是，今天我八点还没起床，因为我头很疼，嗓子也不舒服。
（2）小丁跟我一起去医院，他给我挂号，又跟我一起去看医生。
（3）我今天没有去上课，我全身都不舒服。朋友跟我去医院看医生，医生说先量一下体温，38度4，又说再看一下嗓子。他说我的嗓子有点儿发炎，要再验一下血。
（4）医生说我要多休息，多喝水，先吃点儿中药，下星期五再来。

3
（1）看病　　（2）大夫　　（3）发炎
（4）有点儿　（5）还是　　（6）不太舒服

· 115

第9课　天气凉快了

1 Dialogue I:
A: Xiànzài shì qiūtiān le, tiānqì liángkuai le.
现在是秋天了，天气凉快了。
B: Shì a, jīntiān tiānqì tèbié hǎo.
是啊，今天天气特别好。
A: Qiūtiān shì Běijīng zuì hǎo de jìjié, tiānqì bù lěng yě bú rè, hěn shūfu.
秋天是北京最好的季节，天气不冷也不热，很舒服。

Dialogue II:
A: Jīntiān tiānqì zhēn hǎo a, bù lěng yě bú rè. Wǒmen qù kàn diànyǐng ba.
今天天气真好啊，不冷也不热。我们去看电影吧。
B: Hǎo a, wǒ yě xiǎng chūqu wánr. Wǒmen xiān qù chāoshì, zài qù kàn diànyǐng, zěnmeyàng?
好啊，我也想出去玩儿。我们先去超市，再去看电影，怎么样？
A: Hǎo, wǒ yě xiǎng qù chāoshì.
好，我也想去超市。

Dialogue III:
A: Tīngshuō bówùguǎn yǒu ge hěn hǎo de zhǎnlǎn, zánmen jīntiān qù kàn, zěnmeyàng?
听说博物馆有个很好的展览，咱们今天去看，怎么样？
B: Hǎo a, jīntiān wǒ yě yǒu shíjiān le, zánmen yìqǐ qù kàn.
好啊，今天我也有时间了，咱们一起去看。

Dialogue IV:
A: Wǒ tèbié xǐhuan dōngtiān. Dōngtiān chángcháng xià xuě.
我特别喜欢冬天。冬天常常下雪。
B: Nà nǐ huì huáxuě ma?
那你会滑雪吗？
A: Bú huì, wǒ hěn xiǎng xué.
不会，我很想学。
B: Wǒ huì huáxuě, kěyǐ jiāo nǐ.
我会滑雪，可以教你。
A: Zhēn de ma? Xièxie!
真的吗？谢谢！

Dialogue V:
A: Jīnnián dōngtiān nǐ huí guó ma?
今年冬天你回国吗？
B: Wǒ xiǎng huí guó, kěshì fēijīpiào tài guì le.
我想回国，可是飞机票太贵了。
A: Méi guānxi, nǐ kěyǐ bú zuò fēijī.
没关系，你可以不坐飞机。
B: Bú zuò fēijī? Wǒ zěnme huí guó?
不坐飞机？我怎么回国？
A: Nǐ huì yóuyǒng, kěyǐ yóuyǒng a!
你会游泳，可以游泳啊！

2 (1) Xiànzài shì chūntiān le, tiānqì hěn nuǎnhuo, bú shì hěn lěng le. Wǒ hěn xǐhuan chūntiān, yīnwèi shù dōu lǜ le. Kěshì, chūntiān chángcháng guā fēng. Wǒ bù xǐhuan guā fēng de tiānqì.
现在是春天了，天气很暖和，不是很冷了。我很喜欢春天，因为树都绿了。可是，春天常常刮风。我不喜欢刮风的天气。

(2) Qiūtiān shì Běijīng zuì hǎo de jìjié, tiānqì bù lěng yě bú rè, hěn shūfu. Qiūtiān de kōngqì yě hěn hǎo. Zài qiūtiān, wǒmen chángcháng qù wàibian wánr.
秋天是北京最好的季节，天气不冷也不热，很舒服。秋天的空气也很好。在秋天，我们常常去外边玩儿。

（3）现在是夏天了，天气很热，常常下雨，可是我很喜欢夏天，因为能常去游泳。

（4）今天博物馆有个很好的展览，我想跟宋华一起去看。可是宋华没有时间，他今天要跟他的老师一起吃饭。真可惜！

（5）北京的冬天很冷，但是不常下雪。我喜欢冬天，特别喜欢冬天的雪，很白，很漂亮。

3 （1）打车 （2）下雪 （3）天气不冷不热
（4）开车 （5）春天了 （6）太贵了

第10课　祝你圣诞快乐

1 Dialogue I：
A：宋华，中国人是不是也过圣诞节啊？
B：中国最重要的节日是春节。现在很多年轻人也过西方的节日。

Dialogue II：
A：今天你要和小王去运动，是不是？
B：是啊，今天天气特别好，不冷也不热。

Dialogue III：
A：是你啊，小丁！你去哪儿了？
B：我去王府井了。我去给爸爸妈妈买圣诞节礼物了。

Dialogue IV：
A：今年你在北京过圣诞节，是不是？
B：是啊。北京也是我的家。我弟弟在北京，弟弟跟我外婆一起住。

Dialogue V：
A：林娜，最近好吗？
B：不好，北京的冬天很冷，我感冒了。

Dialogue VI：
A：你现在学习怎么样？
B：还不错。现在我有很多中国朋友了。他们常常

· 117

bāng wǒ fùxí kèwén, liànxí kǒuyǔ. Wǒ hái chángcháng wèn tāmen yǔfǎ wèntí.
帮 我 复习 课文，练习 口语。我 还 常常 问 他们 语法 问题。

2 (1) Wǒ jiā zài Běijīng, wǒ gēn bàba māma yìqǐ zhù, mèimei gēn wǒ wàipó yìqǐ zhù. Xiànzài wǒ
我 家在 北京，我 跟 爸爸 妈妈 一起 住，妹妹 跟 我 外婆 一起 住。 现在 我
mèimei bú zài Zhōngguó, tā qù lǚxíng le, hái méi huí guó.
妹妹 不 在 中国， 她 去 旅行 了，还 没 回 国。

(2) Jīntiān wǒ zài dìtiě shang yùjiàn Xiǎo Dīng le, tā qù Wángfǔjǐng gěi tā bàba māma mǎi
今天 我 在 地铁 上 遇见 小 丁 了，他 去 王府井 给 他 爸爸 妈妈 买
Shèngdàn lǐwù. Xiǎo Dīng shuō, tāmen yì jiā rén dōu xǐhuan Zhōngwén, dōu shuō Zhōngwén.
圣诞 礼物。 小 丁 说，他们 一 家 人 都 喜欢 中文， 都 说 中文。

(3) Wǒ yǒu hěn duō Zhōngguó péngyou le. Tāmen chángcháng bāng wǒ fùxí kèwén, liànxí kǒuyǔ.
我 有 很 多 中国 朋友 了。 他们 常常 帮 我 复习 课文，练习 口语。
Wǒ hái chángcháng wèn tāmen yǔfǎ wèntí.
我 还 常常 问 他们 语法 问题。

(4) Zuótiān wǒ bàba gěi wǒ dǎ diànhuà le. Tā shuō hěn xiǎng wǒ, wèn wǒ yí ge rén zài Zhōngguó
昨天 我 爸爸 给 我 打 电话 了。他 说 很 想 我，问 我 一个 人 在 中国
hǎo bu hǎo. Wǒ shuō wǒ hěn hǎo, wǒ yǒu hěn duō Zhōngguó péngyou. Bàba hái wèn wǒ shēntǐ
好 不 好。 我 说 我 很 好，我 有 很 多 中国 朋友。爸爸 还 问 我 身体
zěnmeyàng, wǒ shuō fēicháng hǎo. Wǒ ài wǒ bàba.
怎么样， 我 说 非常 好。我 爱 我 爸爸。

3 (1) wǒ ài nǐ 我 爱 你 (2) wènhǎo 问好 (3) zěnmeyàng 怎么样
(4) dǎ diànhuà 打 电话 (5) gěi bàmā jì lǐwù 给 爸妈 寄 礼物 (6) fùxí kèwén 复习 课文

致教师 To Teachers

《新实用汉语课本》(第3版 英文注释)配套教材包括《课本》《综合练习册》《教师用书》《同步阅读》和《测试题》,以满足师生课上和课下的不同需求。其中,《综合练习册》主要供学习者课下练习使用。在《课本》练习的基础上,旨在进一步深化学习者对汉语语音、词汇、语法、汉字等语言要素和听、说、读、写、译等语言技能的全面掌握;同时,体现交际性、真实性和趣味性。

一、设计原则

1. 平衡性原则

结合《课本》重点生词、词组、语法点和功能文化项目,坚持听、说、读、写、译等多方面技能与交际训练均衡发展,平衡设计。

2. 实效性原则

练习形式多样,内容丰富实用,能切实有效地促进语言习得,提高学习者的语言能力和语言交际能力。

3. 复现性原则

循环复现已学的语言点和生词,以达到更好的认知效果。

4. 交际性原则

多种交际性、任务型的练习设计,让学习者在做中学,用中学;使其在掌握了汉语语言结构的基础上,进一步完成语言任务和交际活动。在设计交际性、任务型的练习时,注重:(1)清楚地交代任务或交际活动,明确任务的目标、要求、步骤等;(2)提供语法点或词汇方面的必要提示和要求;(3)设计调查性、研究性的语言任务,以发展学习者的多元智能。

5. 真实性与趣味性原则

每课设计一项结合课文内容的真实材料练习,体现趣味性、真实性,并呈现中国文化特性。所采用的真实材料如《人民日报》、中国地图、超市海报、名片、车票、航班表、招牌、标志、社区或校园平面图、商场各层导购图、医院各科室分布图、价签、菜单等。

6. 坡度性原则

练习设计体现出由易到难、由机械到活用、由基本练习到引申扩展练习的坡度性,容易的安排在前面,较难的安排在后面,方便教师和学习者自由选择。如教学时间有富余或学生学有余力,则可在完成前面容易的练习后,再选择完成后面较难的练习。

7. 语音贯穿性原则

《综合练习册》体现语音贯穿性原则。在"读写练习"部分设计"语音练习"板块,该板块为语音预备课后语音教学和语音训练的延伸,对当课新出现的语音内容进行练习,并复习巩固语音预备课的语音重点与难点。

8. 实用性原则

《综合练习册》的形式设计实用而有吸引力,可供学习者课下灵活使用,也可配合课堂使用。

新实用汉语课本（第3版）综合练习册 1

二、练习设计说明和样题示例

以下介绍《综合练习册》的练习设计说明和样题示例，以便老师们能够更为方便有效地指导学习者使用。

首先需要说明三点：

（1）除综合性练习以外，其他练习题型每项原则上设计 10 题（实际题量可能根据需要有所不同），同一课内部的两个部分原则上分别设计 5 题（实际题量可能不完全是五五对分），同时标注练习所对应的部分。即：若练习区分课文，对应两个部分，则分别标注"Part I"和"Part II"；若练习适用于两段课文，不区分对应两个部分，则不再标注"Part I"和"Part II"。

（2）《综合练习册》练习中的汉字一般标注拼音，以"拼音+汉字"的形式呈现（由于练习的具体要求不同而不需要标注拼音的汉字除外）。

（3）练习题的参考答案单独作为资源放在网上（www.blcup.com），供使用者免费下载，录音文本附在本书正文后。

听说练习 Listening and Speaking Exercises

1 听对话，判断正误。

Listen to the dialogues and decide whether the statements are true (T) or false (F).

【说明】

此项练习为听力理解题，也可设计成其他形式的听力理解题，如多项选择、回答问题等。

【例】

录音对话：女：你好吗？

男：我很好。你忙吗？

女：我不忙。你呢？

男：我很忙。

① The man is busy. (　　　)

② The woman is also busy. (　　　)

（参考答案：T　F）

2 听短文，用拼音填空。

Listen to the passages and fill in the blanks with *pinyin*.

【说明】

听写练习，从短句逐渐过渡到语段，听写的内容从单音节逐渐过渡到双音节、多音节等。

【例】

Wǒ jiào ＿＿＿＿, shì ＿＿＿＿ rén. Wǒ bàba ＿＿＿＿ māma ＿＿＿＿ shì ＿＿＿＿ rén. Wǒ hěn xǐhuan ＿＿＿＿.

3 听录音，选择正确答案。
Listen and choose the correct answers.

【说明】

此项练习根据当课情况，主要设计成双音节词语，并逐步过渡到短句，而后逐步过渡到直接写汉字（Listen and write in characters）。

【例】

A. 什么　　B. 怎么　　C. 你呢　　（　　）　（录音：什么）

4 任务或活动。
Task or activity.

【说明】

此项练习既可以设计成分组完成任务，如小组调研活动，也可以设计成个人完成任务，如自行完成调查、填表等任务练习。具体形式根据课文内容来定，目的是增加实用性和趣味性。

【例】

"赵、钱、孙、李"是中国四大姓氏。请你在校园里或你居住的周边寻找到姓"赵""钱""孙"或"李"的五位中国人（只要是这四个姓氏其中之一的即可，不必找齐全部四个姓氏），用本课学到的句型询问他们的姓名，并询问他们的近况如何。

No.	Name (*pinyin*)	How he/she has been doing
1.		
2.		
3.		
4.		
5.		

读写练习 Reading and Writing Exercises

1 语音练习。
Pronunciation drills.

【说明】

此项练习为语音预备课后，语音教学和语音训练的延伸。

配合每课的语音练习重点，针对语音内容的重点与难点进行复习巩固，并结合本课进行语音练习，注意声韵调的辨别，声韵组合的辨别，难音、重点音的辨别，变调等。

形式设计成标注拼音、标注声调、选择正确的声韵调或音节等。

【例】

Put tone marks above the words.

Part I

（1）shenme _____　　（3）mingzi _____

（2）renshi _____　　（4）gaoxing _____

Part II

（5）qing jin _____　　（8）zenmeyang _____

（6）xiexie _____　　（9）hen hao _____

（7）zuijin _____　　（10）bu tai mang _____

2 按正确的笔顺描汉字，并在后边的空格里写汉字。

Trace over the characters following the correct stroke order and then practice writing them in the blank boxes.

【说明】

此项练习练习汉字的书写，尤其是独体字的笔画与笔顺。

【例】

| kāi | 开 | 一 二 于 开 | | 开 | 开 | | | | | | |

3 分析下列汉字的部件结构，并在后边的空格里临写。

Do a componential analysis of the structure of each character and then copy it in the blank boxes.

【说明】

此项练习练习合体字的部件与结构构成。

【例】

| shéi | 谁 | (讠+隹) | | 谁 | 谁 | | | | | | |

4 给下列各组汉字注音，并把它们的部首写在括号中。

Write down the *pinyin* of the characters on the lines and the radicals of them in the brackets.

【说明】

此项练习练习对汉字的识认及对汉字部首、结构的把握。汉字练习形式还可以多样，如：看拼音，写汉字；数简单汉字的笔画数；看拼音，只给出汉字的一部分结构，让学生拼出另一部分结构。

【例】

A. 妈 __mā__　　B. 好 __hǎo__　　C. 她 __tā__　　（女）

致教师
To Teachers

5 选择正确的汉字填空。

Fill in the blanks with the correct characters.

【说明】

此项练习练习汉字音形义的辨别。

【例】

林娜不＿＿＿＿宿舍。（ B ）

A. 再　　B. 在　　C. 坐

6 连接 I 和 II 两部分的词语，组成句子。

Make sentences by matching words/phrases on the left with those on the right.

【说明】

此项练习可以是词组连接成句子，也可以是连接句子组成对话，还可以是词与词连接成词组。

【例】

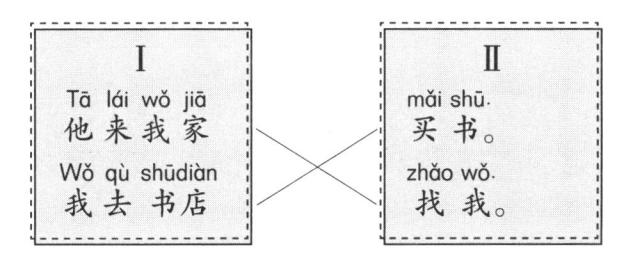

I	II
Tā lái wǒ jiā 他 来 我 家	mǎi shū. 买 书。
Wǒ qù shūdiàn 我 去 书 店	zhǎo wǒ. 找 我。

7 对画线部分提问。

Ask questions about the underlined parts.

【说明】

此项练习是句式练习，体现当课的主要语法点或重点句式。

【例】

Wǒ shì xuésheng.　　Nǐ shì xuésheng ma?
我 是 学生。 → 你 是 学生 吗？

8 翻译。（不会写的汉字可以写拼音）

Translation. (Use *pinyin* for the characters you can't write.)

【说明】

翻译练习分为汉译英、英译汉两种形式（英译汉时，不会写的汉字可以写拼音），并逐步从单句过渡到语段。

【例】

　　Nǐ hǎo ma?　　　　　　　　　　　　　Wǒ hěn hǎo. Nǐ ne?
（1）你 好 吗？　　　　　　　　　　　（2）我 很 好。你 呢？

· 123

（3）
Wǒ yě hěn hǎo.
我也很好。

（4）Nice to meet you.

（5）My name is Ding Libo.

9 根据所给拼音，用括号里的词语组成句子。
Make sentences using the words in the brackets based on the *pinyin* given.

【说明】

此项练习主要练习汉字和语序。后面可逐步过渡到只提供汉字，让学生排序组句。

【例】

Wáng Xiǎoyún jiā yǒu sì kǒu rén.（王小云　口　人　有　四　家）

10 趣味汉字。
Fun characters.

【说明】

此项练习主要是提高学习者对汉字学习的兴趣，练习题可以采用多种设计形式，开始可选汉字游戏等简单的趣味题，后面可逐步过渡到简单的字谜。

【例】

（1）Seek and find.

Try to find as many words or sentences as possible from the following jumble of characters. Look horizontally, vertically and diagonally. Circle each word or sentence and copy it.

他　我　们　忙　都
吗　很　不　你　好
你　呢　好　忙　们

（参考答案：我们　你好！　我不忙。　他很好。　你们　你呢？）

（2）Chinese character riddle.

"人"有"它"大，
"天"没"它"大。
请问"它"是谁？
你也认识"它"。

（参考答案：一）

11 完成会话。
Complete the dialogues.

【说明】

此项练习结合语法或注释点设计。既练汉字，又练本课主要语法点。如果是难度较大的题，会给出提示词语。该练习也可有其他形式，如：（1）先听，然后模仿完成对话；（2）选词填空（备选项可以是词也可以是词组，还可以不提供备选项）。

【例】

A：_____？
　　Wǒ xìng Wáng, jiào Wáng Xiǎoyún.
B：我 姓 王，叫 王 小云。
　　Rènshi nǐ hěn gāoxìng.
A：认识 你 很 高兴。

B：_____。

12 根据所给汉字或拼音填空，注意句子的组合规则。
Write the correct characters or *pinyin* on the lines below. Pay attention to the syntactic ru.

【说明】

此项练习体现汉语从字到词，再到短语，到句子的语序、组合扩展方式，同时也包含了对汉字音形义的考察，是一个综合练习形式，包含了隐性的汉语语法知识。在练习设计时至少设计了三层（含），以体现扩展组合和语序。

【例】

好
hǎo

____　____
hěn　hǎo

____　很　____。
Wǒ　　　hǎo.

____　____　____　____。
Wǒ　yě　hěn　hǎo.

13 阅读理解。
Reading comprehension.

【说明】

阅读理解可以设计多种题型，如回答问题、选择、判断正误等形式。

此项练习设计时适当增加了考察文化点的阅读材料和相应练习，并注意使用真实材料，如利用报纸材料、手写便条等进行问答或判断。

新实用汉语课本（第3版）综合练习册1
New Practical Chinese Reader (3rd Edition) Workbook 1

【例】

(1) Read the passage and answer the questions.

> Wǒ zuìjìn hěn hǎo. Lín Nà zuìjìn bú tài máng. Wáng Xiǎoyún hěn máng. Sòng Huá zuìjìn hěn
> 我最近很好。林娜最近不太忙，王 小云 很 忙。宋 华 最近很
> lèi, Lù Yǔpíng bú tài lèi.
> 累，陆 雨平 不太累。

Lín Nà zuìjìn zěnmeyàng?
① 林娜 最近 怎么样？

Wáng Xiǎoyún máng ma?
② 王 小云 忙 吗？

Sòng Huá zuìjìn lèi ma? Lù Yǔpíng ne?
③ 宋 华 最近累 吗？陆 雨平 呢？

(2) Look at the pictures and answer the questions.

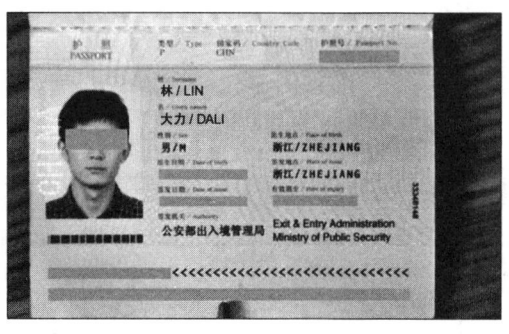

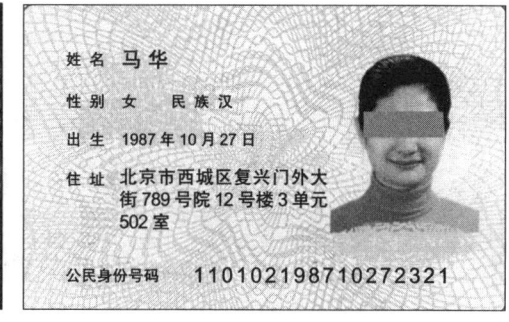

Tā jiào shénme míngzi?
① 他 叫 什么 名字？

Tā jiào shénme míngzi?
② 她 叫 什么 名字？

14 写作练习。

Writing practice.

Fill in the blanks based on the actual situations of your classmates or friends. (Use *pinyin* for the characters you can't write.)

【说明】

写作练习对应课文的内容，突出实用性，有交际意义。

练习均清晰地指明了要求，并提供了语言提示线索。

写作练习形式可以多样，如看图写话，形成性、填空型写作等。形式尽量活泼，如请学生写下自己的中文名字，写出自己的家庭成员，描写一个好朋友，写生日贺卡、圣诞贺卡、邀请函、便条、短信、电子邮件等。

【例】

(1) Please write a short paragraph based on the following descriptions. (Use *pinyin* for the characters you can't write.)

126

在校园，林娜遇到了新的留学生。

内容：1. 林娜在校园里遇到了马克

　　　2. 相互之间介绍

　　　3. 介绍自己的家庭

　　　4. 介绍自己的专业

　　　5. 介绍现在的学习情况

（2）Make a birthday card for your father or mother and wish him/her a happy birthday using the sentence patterns you've learned in this lesson. (Use *pinyin* for the characters you can't write.)

【例】

亲爱的爸爸/妈妈：

　　_____是您的生日。您喜欢_____，我送您_____。祝_____！

　　　　　　　　　　　　　　　　　　　　　　您的女儿/儿子_____

　　　　　　　　　　　　　　　　　　　　　　_____年_____月_____日